¡PORQUE ESCRITO ESTÁ...!

Fuente de toda inspiración

Pastor Robert "Babby" Colón

Para invitaciones o pedidos de libros: (281)408-9844
pastoresbabbywanda@gmail.com

Edición: Amneris Meléndez
www.amnerismelendez.com

Diseño de portada: Ferdinad Rodríguez (787)644-1537

ISBN: 9798688794359
Imprint: Independently published

Contenido

Dedicatoria

Dedico este libro al Altísimo, Majestuoso, Fiel, Poderoso, Soberano, Eterno, Justo, Bueno, el Gran YO SOY, Inefable y único Dios. Todo lo que he recibido para escribir este libro ha venido de Él, quien me ha llenado de detalles en momentos difíciles, incómodos, retadores, en desiertos y pruebas. Por medio de estos procesos me ha dicho, "hijo... hijo.... confía", ¡Porque Escrito Está...! Gracias, amado ABBA, por rescatarme, libertarme, restaurarme y levantarme de donde estaba. Hoy puedo servirte junto a mi amada familia y dar testimonio del poder de la restauración familiar. Hoy es un placer y privilegio servirte con toda mi vida, ¡Porque Escrito Está...!

*[15]Y si mal os parece servir a Jehová, escogeos hoy a quién sirváis; si a los dioses a quienes sirvieron vuestros padres, cuando estuvieron al otro lado del río, o a los dioses de los amorreos en cuya tierra habitáis; **pero yo y mi casa serviremos a Jehová.** (Josué 24:15)*

Gracias una vez más por ser paciente para conmigo y por creer en mí. Estoy súper agradecido de que me hayas escogido para cumplir tu propósito. A ti, amado DIOS, nuevamente GRACIAS. ¡Porque Escrito Está...! ¡TE AMO DIOS!

Pastor Babby Colón

4

Agradecimientos

A Dios por su eterna misericordia para conmigo y los míos.

A ti, amada esposa Wanda Sánchez, por ser el instrumento usado por Dios para dirigir muchas veces mis pasos, mirada y propósito. Eres, has sido y serás, fuente de inspiración para mí, te honro hoy y por siempre, ¡te amo!

A mis amados hijos, Reynaldo, Keishla, Nynoshka y Roxanne por ser para mí, esa herencia dada por Dios para bendecir mi vida, los amo. Cada proceso que hemos vivido me hace siempre buscar más de Él y reclamar sus promesas para nuestra familia. A mis yernos, Jonathan V., Jonathan C., Kevin, mi yerna Leonela y mis nietos, Reynaldo Joel y Abigail, los amo.

A mi madre, Josefina (Jossie) Maceira, por tu entrega y dedicación para echarnos hacia adelante. Te admiro y te amo. A mi padre, Celso (José) Colón, ¡que bendición haber visto esa entrega total a Jesús! Porque en Cristo hay rumba, ¡te amo! A mis hermanos y sus familias, Orlando, Eddie y Lourdes, los amo. Abuelos, tíos, primos, suegros, sobrinos, cuñados y demás familiares, los amo.

A mi amada familia Apostólica, mis padres espirituales, Juan Luis y Angélica Calveti y su familia, gracias por escuchar la voz de Dios. Los honramos, pues ustedes fueron el instrumento que Dios utilizó para impulsarnos a vivir lo que hoy estamos viviendo.

Amados pastores, Edwin y Miurka Serrano, dónde estaríamos si Dios no les hubiera usado para llevarnos a Cristo, tal vez picando pollo todavía... ¡poder! Edwin, gracias por no rendirte, te amo, admiro, honro y respeto.

Amados hermanos y ministros de la hermosa y poderosa Red Fruit of the Vine International, que bendición ser parte de todo esto junto a ustedes mis maestros, les honro y bendigo.

Amados hijos de la Iglesia Fruto de la Vid, Houston, TX, gracias por ser esa escuela en la cual hemos enseñado y donde también hemos aprendido junto a ustedes. Amada familia extendida de la fe, gracias por su apoyo. Le doy gracias a Dios por escogernos para ser sus pastores, los amamos con todo el corazón. ¡Les bendecimos!

Pastores Babby & Wanda

Prólogo

Es para nosotros un gran honor, escribir el prólogo de esta gran obra literaria, ¡PORQUE ESCRITO ESTÁ...!

¡Dios Santo! Un libro completo en todos los sentidos. El autor, el pastor Robert Colón (Babby, su apodo de ternura) es un bello ser humano, a quien conocemos hace más de 21 años. Dios delegó en nosotros la gran misión de formarlo en los caminos y en la sana doctrina de nuestro Señor Jesucristo. Un joven que se sometió al señorío de nuestro Mesías, Jesús de Nazaret. Un gran pastor conforme a Jeremías 3:15; *"y os daré pastores según mi corazón, que os apacienten con ciencia y con inteligencia"*.Tiene un testimonio intachable, excelente esposo y padre. Dios le ha dado: revelación de su Palabra, conocimiento, sabiduría y prudencia.

¡Porque Escrito Está...! Ha sido revelado en estos tiempos, año 2020; año que jamás olvidaremos, donde nació este libro sustentado por la Palabra que sale de la boca de Dios. Leerlo es muy edificante, porque nos enfoca. Esta obra toca los siguientes temas: los últimos tiempos, la maravillosa creación de todo el universo y la creación tan espectacular de nosotros los seres humanos. Es un libro muy refrescante, nosotros lo llamaríamos dulce, afable, porque el autor lo escribe basado en la Palabra de Dios.

Recomendamos altamente este gran material que marcará los siguientes años, ya que nos prepara, capacita e instruye para continuar la obra a la cual hemos sido comisionados. Gracias Babby Colón, estamos agradecidos de Dios por darnos un hijo espiritual como tú y familia. Te amamos y te bendecimos.

"Jehová Dios de vuestros padres os haga mil veces más de lo que ahora sois, y os bendiga, como os ha prometido".
(Deuteronomio 1:11)

No deje de leer este libro, le aseguro que cambiará su modo de hablar. Su acento, su idioma será el de JESÚS de NAZARET. Hablará vida para siempre. ¡Porque Escrito Está...! *"La muerte y la vida están en poder de la lengua, y el que la ama comerá de sus frutos".* (Proverbios 18:21)

Abre fuertemente los sentidos espirituales en cuanto a la fe. Los bendecimos en Cristo el Señor, ¡Porque Escrito Está...!

Apóstoles: Juan y Angélica Calveti.

Endoso

¡Que bendición que puedas tener este libro en tus manos! No es casualidad, Dios se las ingenió para ponerlo en tus manos. Así que te aconsejo que no lo sueltes, pues será de gran bendición para tu vida, al igual que lo ha sido para la mía. No hay regalo más grande que el regalo de nuestra salvación. Pero si hay otro regalo, por el cual debemos darle gracias a Dios cada día de nuestra vida, **es por Su palabra**. El centro o tema base de este libro, **¡Porque Escrito Está…!**, es la misma Palabra de Dios. En esta gran obra, revelada al Pastor Babby Colón por el Espíritu Santo, se echa a un lado toda subjetividad y sabiduría humana, para dar paso a la sabiduría que se obtiene a través de la Palabra de Dios. La Palabra de Dios no cambia, es y será por siempre la misma boca de Dios hablando al corazón del hombre, llena de promesas para cada uno de nosotros.

Si te encuentras en alguna situación donde necesites un consejo certero que se base en la Palabra de Dios; entonces este libro es para ti. ¿Necesitas recordar cuántas promesas y buenas noticias hay en la Palabra de Dios para tu vida? Entonces, vuelvo a repetirte, este libro es para ti. ¿Sabes? Hay libros que se leen una sola vez y es suficiente, pues al leerlo ya cumplieron con su propósito. Los recordamos, pero no necesariamente volvemos a ellos. Pero, te aseguro que **¡Porque Escrito Está...!** se convertirá en uno de esos libros que querrás tener cerca para leerlo y utilizarlo una y otra vez. Sus consejos, promesas y revelaciones ante las situaciones que vive el ser humano, están contenidos en la Palabra de Dios. Eso nos debe dar confianza al leerlo, ya que nos garantiza que tanto la palabra de consejo y la revelación que se muestran será de bendición para nuestra vida.

Conozco personalmente, por casi veinte años, al autor del libro que tienes en tus manos, al Pastor Babby Colón. He visto su llamado pastoral junto a su familia desde sus comienzos. Reconozco la unción y el gran corazón pastoral que Dios ha depositado sobre su vida. Por eso, sé que mi gran amigo no haría nada simplemente por hacerlo, sino que su vida y testimonio hablan de un hombre de Dios que se mueve y acciona conforme a lo que Dios le pide. Estoy convencido de que este libro será de gran bendición para todos. Para mí fue un refrigerio en medio de las situaciones que vivimos a nivel mundial y aun en lo personal. Llegó a mis manos cuando necesitaba recordar que Dios sigue siendo un Dios de pactos, que sigue siendo el Todopoderoso y que sus promesas siguen vigentes. Este libro nos recuerda el plan perfecto de Dios a través de

Jesucristo y confirma la obra redentora de Jesús en la cruz por amor a toda la humanidad.

Cuando escuchamos esa cita, **¡Porque Escrito Está...!**, nos hace sentir que el Maestro por excelencia nos quiere hablar; que tiene algo importante que decirnos y que hay una revelación nueva que aprender. Cuando leas este libro, ora a Dios y pídele que Su palabra se haga una vivencia real en tu vida. Cuando eso ocurre, realmente somos transformados y preparados para algo nuevo y mejor. **¡Porque Escrito Está...!** te dará respuestas, te hará repensar las cosas y te preparará para una nueva y mejor temporada en tu vida. Oro a Dios para que así sea.

Te bendigo en el nombre de Jesús y en el poder de Su palabra; **¡Porque Escrito Está...!**

Luis Orlando Cruz Torres
Pastor General, Iglesia Fruto de la Vid Inc.
Toa Alta, Puerto Rico.

Introducción

En este libro mi deseo es que cada lector reciba todas y cada una de las palabras que ya fueron escritas hace más de dos mil años atrás y que todavía son reales para nuestro diario vivir. Lo hago por mandato de Dios como un libro inspiracional, con la intención de que cada día, usted declare la palabra profética y se apropie de esas promesas dadas por el Padre a sus hijos. Mi oración es que cada vez que abras este libro recibas las respuestas a cada una de tus situaciones, por medio de la Palabra de Dios.

Gracias adelantadas por sacar de tu tiempo y darle lectura a cada uno de estos capítulos en los cuales recibirás bálsamo, llenura, alegría, gozo, fortaleza, sabiduría, paz, regocijo y, sobre todo, revelación de cada promesa. ¡Porque Escrito Está...! Para ti y los tuyos.

La generación que Dios está levantando para este tiempo es una de retos, procesos, desiertos, pruebas, que nos llevarán a una madurez espiritual y con la esperanza de que al final obtendremos la victoria.

Por tal razón, hoy declaro, decreto y profetizo sobre de ti y los tuyos que el Ruak (viento recio) de Dios, el Kabod (gloria) de Dios, el Kairós (tiempo de Dios), y el tiempo Plero (tiempo de cumplimiento) ha llegado sobre ti; que cada promesa, estatutos y mandamientos serán vividas en ti y en tu próxima generación de valientes.

Te reto a que cada Palabra que leas a través de este libro la hagas tuya, arrebátala del cielo, eres un valiente que ha decidido cambiar la historia de tu vida y la de los tuyos.

Decláralo, ¡soy valiente! ¡Porque Escrito Está...!

"...el reino de Dios avanza a pesar de sus enemigos. Solo la gente valiente y decidida logra formar parte de él". (Mateo 11:12 TLA)

Arrebátala, este es tu tiempo. ¡Porque Escrito Está...!

Te bendigo. Estoy convencido que tu vida no será la misma después de que leas lo que Dios inspiró a que escribieran cada uno de los que fueron usados por Él para plasmar en rollos y pergaminos lo que hoy tenemos en nuestras manos, la Biblia.

¿Estás preparado para recibir las promesas?

¡Porque Escrito Está...!

Entonces les abrió el entendimiento, para que comprendiesen las Escrituras, (Lucas 24 :45)

Levanta tus manos al cielo y oremos:

Padre celestial, a ti clamo, en el nombre de Jesús. Hoy te pido perdón por todos mis pecados, te reconozco como mi único salvador, entra en mi corazón y haz de él tu casa favorita, y sea escrito mi nombre en el libro de la vida, en el nombre de Jesús. Amado Espíritu Santo tú que moras en mí, dame la sabiduría y la revelación de entender tu Palabra y así vivirla en el nombre poderoso de Jesús. ¡Amén!

Bueno, empecemos a reclamar nuestra herencia como hijos del Dios Altísimo, porque gracias a Él somos herederos de promesas. ¡Porque Escrito Está...!

Capítulo 1

La creación…

Quiero comenzar con lo que nuestro Padre Celestial hizo, antes de que tú y yo fuéramos creados por Él. Y esto está en el libro de la creación, o sea Génesis (principio), ahí encontramos la base de los planes de Dios para nosotros. Al estudiar el libro de Génesis podemos ver que nuestro amado Dios dictó la palabra y esta se hizo realidad aquí en la tierra.

Si buscamos el deseo, anhelo, plan, propósito y voluntad de Dios nos daremos cuenta de que Él siempre deseaba que cada palabra que saliera de su boca se quedara plasmada o escrita en el corazón y mente de su creación. Vayamos a esa lectura, la cual nos explicará lo que Dios estableció y escribió en esa primera creación, antes de crear al hombre y la mujer. ¡Porque Escrito Está…!

[1]En el principio creó Dios los cielos y la tierra. [2]Y la tierra estaba desordenada y vacía, y las tinieblas estaban sobre la faz del abismo, y el espíritu de Dios se movía sobre la faz de las aguas. (Génesis 1:1-2)

A esto es lo que me refiero, su Espíritu se movía sobre la faz de las aguas, aun cuando estuvieran cubiertas por la oscuridad, porque Dios va por encima de todas las tinieblas, Él es luz. ¡Porque Escrito Está...!, en las tablas de su creación.

Él se glorifica donde no hay nada, en lo vacío, en lo oscuro, en lo desordenado, porque, aunque somos creados por Él, nuestras decisiones son las que nos llevan a la oscuridad, pero su presencia siempre estará sobre nosotros, ya que somos su creación.

Entonces, Él declara y ordena que se haga la luz, Dios desata la autoridad de traer luz a su creación en el primer día. ¡Porque Escrito Está...!

[3]Dijo entonces Dios; "Quiero que haya luz". ¡Y al instante hubo luz! [4]Al ver Dios la belleza de la luz, la apartó de la oscuridad y [5]le puso por nombre día. A la oscuridad la llamó noche, (Génesis 1:3-5 TLA)

La primera orden dada por Dios fue la de organizar lo desordenado. De igual forma lo hace en nosotros, cuando le dejamos entrar en nuestras vidas, empieza a traer la luz en medio de toda oscuridad, lo que estaba vacío se llena, lo que estaba desordenado lo ordena, lo que estaba sin forma comienza a tomar su forma original, creada por Él y para Él.

Lo hace habitable para poder morar allí y no simplemente habitar sobre de nosotros, sino en nosotros, y todo comienza con la luz. Porque siempre nuestro Padre Celestial desea ver la belleza de la luz que está en nosotros.

Su plan original era y es mantenernos en la luz porque somos hijos de luz y no de tinieblas. ¡Porque Escrito Está...!

⁵Por que todos vosotros sois hijos de luz e hijos del día; no somos de la noche ni de las tinieblas…
(1 Tesalonicenses 5:5)

Lo vio todo bueno y bello; y apartó las tinieblas de la luz y les puso nombre, a la luz día y a la oscuridad le llamó noche.

Así Dios les llama a las cosas, lo que es de tinieblas, pues es de tinieblas y lo que es de luz, es de luz; porque en Él solo existen.

Dios no escatimó nada, sino que creó un lugar hermoso para el ser humano. Cuidó cada detalle con amor. En pocos días ese lugar reflejaría la manifestación única de su obra magistral.

Entonces, anhela crear al hombre a imagen y semejanza suya. Se pone en la comunión del acuerdo con su deidad, pronunciando lo siguiente: ¡Porque Escrito Está...!

26Entonces dijo Dios: Hagamos al hombre a nuestra imagen, conforme a nuestra semejanza; y señoree...27Y creó Dios al hombre a su imagen, a imagen de Dios lo creó; varón y hembra los creó. 28Y los bendijo Dios...
(Génesis 1:26-28)

¡Porque Escrito Está...! **_Hagamos_**. Al sexto día todo estaba hermoso, preparado para que se creara al hombre y la mujer, a su imagen y semejanza.

Me doy por entendido que al decir hagamos, contó con la aprobación de su hijo Jesús y con el Espíritu Santo, los cuales estaban presentes desde el principio. ¡Porque Escrito Está...!

7 "Por qué tres son los que dan testimonio en el cielo, el Padre, el Verbo y el Espíritu Santo y estos tres son uno".
(1 Juan 5:7)

Y les fue entregado a ambos la autoridad para enseñorearse, para multiplicarse y para ejercer dominio sobre todo lo que Él había creado. ¡Porque Escrito Está...!

²⁸Y los bendijo Dios, y les dijo: fructificad y multiplicaos; llenad la tierra, y sojuzgadla, y señoread...
(Génesis 1:28)

Ahora, es bien importante ver aquí que nuestro amado Dios dentro de su creación vio lo interno y dijo, tengo que darle la manera y la forma para que se pueda multiplicar. Así que, junto a esa hermosa creación llamada varón ya estaba la visión de la hermosa hembra, porque del varón salió, la cual se convertiría en su ayuda idónea. ¡Porque Escrito Está...!

²⁷Y creó Dios al hombre a su imagen, a imagen de Dios los creó; varón y hembra los creó. (Génesis 1:27)

De esta manera, da por hecho que la única forma para ese varón poder multiplicarse es a través de la hermosa hembra creada por Dios mismo, la cual se convierte en la ayuda idónea para dicha multiplicación. Esto ocurrió antes de hacerlo físico, pues ya estaba hecho en lo espiritual. Así nuestro Padre lo declaró en los aires y lo creó en la tierra.

Algo interesante ocurrió en el principio, Dios bendijo al varón y a la hembra, antes de que fueran creados físicamente. Les entregó órdenes para que la tierra tuviera desde el principio su plan original, crear la familia entre papá, mamá e hijos.

Nuestro amado Padre nos bendijo desde antes de nacer y eso quiere decir que vinimos a este mundo con bendiciones celestiales. ¡Porque Escrito Está...!

> [3]*Bendito sea el Dios y Padre de nuestro Señor Jesucristo, que nos ha bendecido con toda bendición espiritual en los lugares celestiales en Cristo,* [4]*según nos escogió en Él antes de la fundación del mundo, para que fuéramos santos y sin mancha delante de Él. (Efesios 1:3-4)*

Ahora veamos cómo lo que declaró espiritualmente lo hace realidad aquí en la tierra. ¡Porque Escrito Está...!

> [7]*Pero se levantaba de la tierra un vapor que regaba toda la superficie del suelo. Entonces el SEÑOR Dios formó al hombre del polvo de la tierra, y sopló en su nariz el aliento de vida; y fue el hombre un ser viviente.*
> *(Génesis 2:7)*

Somos hechos del polvo de la tierra, y Dios decidió hacerlo así, ya que la tierra tiene los nutrientes necesarios para crear y estos son:

Carbono (C), Hidrógeno(H), Oxígeno(O2)

Macronutrientes:	**Micronutrientes:**
Primarios:	Zinc (Zn)
Nitrógeno (N)	Hierro(FE)

Fósforo (P)

Potasio (K)

Manganeso(Mn)

Cobre(Cu)

Secundarios:

Azufre (S)

Magnesio (Mg)

Molibdeno(Mo)

Calcio (Ca)

Cloro (Cl)

Boro(B)

Veamos más profundo este milagro sobrenatural en la creación del hombre.

Formó- del hebreo (yatsar) moldear.

Este ser, fue formado del polvo de la tierra y el soplo de Dios le permitió al hombre vivir. El lenguaje que se usa para formar al hombre es propio al de un alfarero que usa el barro para modelar su vasija.

La ciencia ha probado que la sustancia de su carne, tendones y huesos consiste en los mismos elementos del suelo que forman la corteza de la tierra.

Los elementos que forman parte de los seres vivos reciben el nombre de bioelementos o elementos biogenéticos. Si analizamos la composición de los seres vivos se pueden apreciar a lo menos unos 70 bioelementos, de los cuales 20 son imprescindibles para la vida.

Los bioelementos se clasifican en:

a) Bioelementos primarios: Son aquellos que se encuentran en proporción igual o superior al 1% del peso total del cuerpo. Pertenecen a este tipo: el Carbono (C), el Oxígeno (O), el Hidrógeno (H), el Nitrógeno (N), el Calcio (Ca) y el Fósforo (P).

b) Bioelementos secundarios: Son aquellos cuya concentración en las células es entre 0.05 y 1 %, también reciben el nombre de microelementos. Entre ellos se encuentran: el Sodio (Na), el Potasio (K), el Cloro (Cl), el Magnesio (Mg), y el Azufre (S).

c) Oligoelementos: Son aquellos que se encuentran representados por átomos cuya concentración celular es menor que 0,05 %. Entre ellos se encuentran: el Fierro (Fe), el Cobre (Cu), el Manganeso (Mn), el Flúor (F), el Zinc (Zn), el Molibdeno (Mb), el Boro (Bo), el Silicio (Si), el Cobalto (Co) el Yodo (I) y el Selenio (Se). Estos elementos son llamados también elementos trazas por la baja concentración en la que se encuentran.

Todos estos elementos se encuentran o forman parte de la tierra en que vivimos y por lo tanto la frase bíblica, es científica y literalmente correcta: ¡Fuimos formados de la tierra!

Polvo- se refiere a pequeñas partículas de materia que componen la tierra; del polvo fue formado el hombre. La palabra polvo también se usa para referirse al sepulcro. ¡Porque Escrito Está ...!

«¹⁹Polvo eres, y al polvo volverás». (Génesis 3:19)

También se usa como símbolo de debilidad. ¡Porque Escrito Está...!

«¹⁴Porque él conoce nuestra condición; se acuerda de que somos polvo». (Salmos 103:14)

El sepulcro y la debilidad fue algo que el hombre obtuvo después de la caída. En Edén el hombre no iba al sepulcro ni era débil físicamente. **Con respecto al barro podemos mencionar:**

1) Dios tomó el polvo e hizo barro mezclado con agua (el hombre aparte de la carne contiene agua) y lo moldeó de acuerdo con la imagen que tenía en su mente, y esa imagen en su mente era de sí mismo. ¡Porque Escrito Está...!

[26] *"hagamos al hombre a nuestra imagen y semejanza".*
(Génesis 1:26)

El cuerpo humano simplemente es un montón de partículas de polvo, materia unidas con agua. Aun cuando la Biblia no menciona el agua literalmente, la palabra (yatsar) que se tradujo "formó" se refiere a la mezcla del polvo con el agua y la ciencia hoy día nos comprueba este hecho.

El cuerpo humano está compuesto de un 70% de agua al nacer y en adulto 60%, dependiendo de sus medidas y complexión (organismo, estatura). El agua ayuda a regular la temperatura del cuerpo, transportar nutrientes, deshacerse de toxinas, lubricar músculos y articulaciones, y es la base de la saliva.

Por eso, cuando Cristo se encontró con un ciego de nacimiento, por no tener el glóbulo ocular, escupió en el suelo, hizo lodo, se lo colocó en los ojos, le ordenó que se fuese a lavar, y ahí recobró la vista. Nunca el Padre hace algo si primero no utiliza lo mismo que Él creó, porque todo lo creó bueno. ¡Porque Escrito Está...!

⁶ Dicho esto, escupió en tierra, e hizo lodo con la saliva, y untó con el lodo los ojos del ciego, ⁷ y le dijo: Ve a lavarte en el estanque de Siloé (que traducido es, Enviado). Fue entonces, y se lavó, y regresó viendo. (Juan 9:6-7)

La mayor parte de esta agua se absorbe con la comida o bebidas. La cantidad adecuada que una persona debe beber varía dependiendo de ciertos factores, como la edad, el peso corporal, el estilo de vida activa o inmóvil, y la temperatura del medio ambiente, entre otros. Una persona adulta debe tomar alrededor de 8 vasos de agua al día, un adolescente 6 vasos por día y un niño chico entre 3 y 4 vasos de agua al día.

El agua es una sustancia cuya molécula está formada por dos átomos de hidrógeno y uno de oxígeno (H_2O). Estos elementos están en el cuerpo humano y necesitamos el agua para mantenerlos.

En el principio, Dios usó el agua como juicio para la humanidad. ¡Porque Escrito Está...!

¹⁵ "Y me acordaré del pacto mío, que hay entre mí y vosotros y todo ser viviente de toda carne; y no habrá más diluvio de aguas para destruir toda carne".

(Génesis 9:15)

Ahora Dios usa el agua para bendecirnos. Cuando tomamos agua, esta nos nutre y seguimos siendo bendecidos por Dios. La palabra "nutrir" significa: hacer crecer, dar de comer. Proporcionar las sustancias que necesita el organismo de un ser vivo para completar lo que pierde y para crecer, abastecer o llenar una cosa de lo que necesita para funcionar.

La deshidratación es un estado del organismo causado por un bajo nivel de líquidos en el cuerpo. Puede producirse por estar en una situación de mucho calor (sobre todo si hay mucha humedad), ejercicio intenso, falta de bebida o una combinación de estos factores, entre otros. La deshidratación puede producir vómitos, diarrea y fiebre.

2) Adán fue formado del polvo, pero su esposa, hijos y toda la raza humana después de ellos fueron creados del hueso de Adán. Aunque no fuéramos formados literalmente del polvo, no implica que nuestro cuerpo deje de ser la mezcla del polvo y agua, es decir, aunque el ser humano se forme del esperma de un varón en el óvulo de una mujer su composición física sigue siendo la misma a la original en la que fue creado por primera vez. Esto implica a todo ser humano y se usa no solo para referirse a Adán.

3) Todos los seres humanos tenemos nuestro origen del polvo, significando que ninguna persona tiene más valor que otra, no es que una fue formada del oro, otra de la plata o otra del diamante, sino que todos tenemos nuestro origen en el barro. Esto nos enseña que nadie es mejor, nadie vale más y nadie tiene más derechos. Originalmente, entre el ser humano no había tal cosa como esclavo y amo, después de la caída de la creación se formaron estos conceptos. No debe existir tal cosa como que los de piel blanca son mejores y que los de piel oscura son los inferiores o esclavos. ¡Porque Escrito Está...!

> [6] *Tú y yo somos iguales ante Dios; yo también fui formado de barro. (Job 33:6 DHH)*

Originalmente no existía el favoritismo, la parcialidad o la discriminación. Fue después de la caída de la creación cuando se comenzó a decidir qué es bueno y qué es malo. Esto provocó que Dios desatara sobre la mujer que ella pasaría por dolores de parto y que su esposo se enseñorearía de ella. ¡Porque Escrito Está...!

> [16] *"A la mujer dijo: multiplicaré en gran manera los dolores en tus preñeces; con dolor darás a luz los hijos; y tu deseo será para tu marido, y él se enseñoreará de ti"*
> *(Génesis 3:16)*

Pero en el principio el hombre y la mujer tenían la misma autoridad. ¡Porque Escrito Está...!

> *28Y los bendijo Dios, y les dijo: fructificad y multiplicaos; llenad la tierra, y sojuzgadla, y señoread...*
> *(Génesis 1:28)*

Hombre- del hebreo (Adam) ser humano, rojizo. Indicando a la coloración de la piel y relacionada con el polvo de donde fue formado, es decir, que Dios toma del polvo y forma un ser rojizo. El primer hombre creado por Dios, Adán, estaba relacionado con la tierra. Dios lo creó primero.

Formó al hombre del polvo de la tierra. Esto se refiere al cuerpo "carne" del ser humano. ¡La carne del hombre fue formada del barro. ¡Porque Escrito Está...!

> *8Ahora pues, Jehová, tú eres nuestro padre; nosotros barro, y tú el que nos formaste; así que obras de tus manos somos todos nosotros. (Isaías 64:8)*

El Señor le dio una orden bien clara y fue la siguiente: no comas de estos dos árboles, del árbol de vida y del árbol de la ciencia del bien y del mal, para que así no muriera. ¡Porque Escrito Está...!

⁹Y Jehová Dios hizo nacer de la tierra todo árbol delicioso a la vista, y bueno para comer; también el árbol de vida en medio del huerto, y el árbol de la ciencia del bien y del mal. (Génesis. 2:9)

¹⁷mas del árbol de la ciencia del bien y del mal no comerás; porque el día que de él comieres, ciertamente morirás. (Génesis. 2:17)

Esta orden le fue dada desde el principio para que el hombre supiera seguir instrucciones para que así no se desviara del propósito inicial del Padre. Ya vemos lo que ha ocurrido en la historia, a raíz de ese suceso.

Ahora hablemos de cómo Dios creó la ayuda idónea para el varón. Dicho hombre buscó cómo multiplicarse, pero no halló ayuda idónea para él, entonces Dios creó la mujer. ¡Porque Escrito Está...!

¹⁸Y dijo Jehová Dios: No es bueno que el hombre esté solo; le haré ayuda idónea para él. (Génesis 2:18)

Dios dijo; no es bueno que el hombre esté solo y le hizo la ayuda idónea, solo de esa forma el varón podría multiplicarse. ¡Porque Escrito Está...!

Ahora, si nuestro Señor no quiso que el hombre estuviera solo, fue para que entendiéramos que sus planes para con nosotros es que nos multipliquemos. Dios desea que cada hombre tenga su propia esposa y formé un hogar. La ayuda idónea viene de parte de Él, aunque hay algunos hombres que se desesperan al no recibir esa ayuda idónea. Cuando el varón va y escoge la que él entiende que es idónea, muchas veces fracasa en la elección.

Sin embargo, conozco de otros casos que escogieron y no les ha ido tan mal. Lo digo porque si no esperamos en Dios a esa ayuda idónea, realmente lo que vamos a hacer es llenar un vacío o una necesidad.

Dios le hizo ayuda idónea, esta ayuda es para que el hombre pudiera desarrollarse como cabeza, esposo, padre, líder y pastor de su hogar. Ella, tiene el rol de ser el cuello y de esta forma fortalecer el hogar que ambos han formalizado delante de Dios. ¡Porque Escrito Está...!

> ²²*de la costilla del hombre Dios sacó a su mujer.*
> *(Génesis 2:22 TLA)*

Cuando el hombre vio a su mujer exclamó, ¡este es mi complemento! Creo que Dios sacó a la mujer de la costilla porque es en esa área donde el corazón está protegido y los latidos de este, le hablan a la costilla diciéndole cuánto le ama. También simboliza a Dios hablándole a la iglesia de su gran amor por ella, a través de los latidos del corazón. De hecho, esto lo escuché de un ministro hace un tiempo en una charla para matrimonios y me hizo mucho sentido.

Ahora, preste atención en lo siguiente, Dios en su soberanía perfecta, sacó de la costilla de Adán a su mujer, la cual llamó Eva. Quiero dejar claro que tanto el hombre como la mujer tienen 12 pares de estos largos y arqueados huesos, o sea 24 en total cada uno, y si escudriñamos el significado numérico bíblico, 12 es número de gobierno y 24 es número que significa seguridad y equilibrio. En pocas palabras, Dios entregó gobierno, seguridad y equilibrio en su creación. Así que, tanto Adán como Eva tenían la identidad misma de su Creador y poseían los requisitos de un conquistador. Por tal razón, su gobierno y sacerdocio protege nuestros corazones y pulmones, de los cuales depende nuestra vida.

El hombre tipificado en Adán cumple el rol de cabeza en su hogar, él es responsable de instruir a su herencia lo revelado de su Creador. La mujer tipificada en Eva es responsable de edificar su hogar con sabiduría que viene de lo alto. Unidos somos más fuertes. ¡Porque Escrito Está...!

[9]Mejores son dos que uno: porque tienen mejor paga de su trabajo,

...¹²Y si alguno prevaleciere contra uno, dos le resistirán; y cordón de tres dobleces no se rompe pronto.

(Eclesiastés 4:9, 12)

Entonces viene aquí una instrucción de parte de Dios y es la siguiente. ¡Porque Escrito Está...!

²⁴Por tanto, dejará el hombre a su padre y a su madre, y se unirá a su mujer, y serán una sola carne.

(Génesis 2:24)

El deseo de Dios es que cada cual tenga su familia, por eso cada hombre y cada mujer debe romper el cordón umbilical con sus padres para que se cumpla su plan original, que es crear la familia entre papá, mamá e hijos. No pienses que te estoy diciendo que te olvides de ellos, sino que ahora eres tú y tu pareja. Visítalos, escúchalos, claro que sí, pero ya no vives con ellos, ahora son una familia aparte, ya no es tu casa, ahora es la casa de tus padres. Por tal razón, el día de tu boda, entrega a tus padres la llave de lo que fue tu hogar.

Mi deseo es que por medio de la lectura de este libro puedas reclamar todas y cada una de las promesas del Padre, porque las mismas son tuyas y mías. Son tanto para ti y para tu generación, las cuales son bendecidas por Dios al reclamarlas. Así como lo canta nuestro amado amigo, el pastor y salmista, René González, ¡NO TE RINDAS!

Capítulo 2

La caída de la creación

Ya leíste sobre la Creación y todo lo concerniente a la misma. Ahora quiero hacer una aportación al conocimiento que tienes como lector bíblico o como amante de la lectura, deseo que prestes mucha atención a lo que se me ha sido revelado al escudriñar las hermosas escrituras que son nuestra guía para el diario vivir. En este capítulo hablaré sobre la caída de la creación y cómo la desobediencia los alejó del lugar donde tenía total dominio. En la caída de la creación perdieron el dominio y fueron dominados por las tinieblas.

No es mi intención, ni mi interés buscar culpables, sino poder profundizar en el porqué de la caída de ambos. De hecho, escrito está que ambos comieron del fruto prohibido, el cual los apartó de la posición privilegiada dada por su Creador. ¡Porque Escrito Está...!

> *⁶Y vio la mujer que el árbol era bueno para comer, y que era agradable a los ojos, y árbol codiciable para alcanzar la sabiduría; y tomó de su fruto, y comió; y dio también a su marido, el cual comió, así como ella...*
> *(Génesis 3:6)*

Sin querer entrar en debates teológicos o dogmáticos, y mucho menos traer algún tipo de confusión, quiero compartir lo que luego de un tiempo de ayuno y oración personal se me ha sido revelado. Este tiempo de ayuno también lo tuvieron los miembros de nuestra iglesia, esto nos ha hecho crecer más y nos ha dado el deseo de seguir escudriñando las escrituras.

¡Porque Escrito Está...!

> *³⁹Escudriñad las Escrituras; porque a vosotros os parece que en ellas tenéis la vida eterna...*
> *(Juan 5:39)*

Por ende, veamos por parte estos hermosos pasajes; empecemos en el huerto en Edén, ya que es allí donde comenzó la caída de la creación. ¡Porque Escrito Está...!

> *⁸Y Jehová Dios plantó un huerto en Edén, al oriente; y puso allí al hombre que había formado. ⁹Y Jehová Dios hizo nacer de la tierra todo árbol delicioso a la vista, y bueno para comer; también el árbol de vida en medio del huerto, y el árbol de la ciencia del bien y del mal.*
>
> *(Génesis 2:8-9)*

Cuando leemos esta parte de la Biblia que nos habla del huerto y la caída de la creación, vienen diferentes pensamientos, reacciones o tal vez señalamientos sobre quien tuvo la culpa. Pero déjame decirte amado lector que ya Dios sabía que esto iba a ocurrir. Y no quiero que creas que nuestro Dios es el culpable, sino que Él, puso al hombre en ese lugar para que el hombre accionara como labrador en todo lo creado por el Padre. Las instrucciones fueron claras y precisas desde el principio, recordémoslas. ¡Porque Escrito Está...!

> *¹⁵Dios puso al hombre en el jardín de Edén para que lo cultivara y lo cuidara. (Génesis 2:15 TLA)*

Y esto es lo que significa la palabra cultivar/labrar: Hacer en la tierra las labores agrícolas necesarias para plantar en ella plantas y semillas o para cuidar lo plantado y obtener frutos de ello. Ese era el propósito de Dios, que el hombre ejerciera autoridad y dominio con el cuidado de todo lo que se le entregó en las manos.

Las instrucciones fueron claras y precisas desde el principio. Y es aquí donde ocurre lo esperado por Dios, el momento de tomar la decisión de lo que podían o no comer. Pero ellos no ejercieron autoridad, cruzaron la línea de la obediencia y autoridad, y cayeron en desobediencia. ¡Porque Escrito Está...!

> *16Y mandó Jehová Dios al hombre, diciendo: De todo árbol del huerto podrás comer; 17mas del árbol de la ciencia del bien y del mal no comerás; porque el día que de él comieres, ciertamente morirás. (Génesis 2:16-17)*

Ahora, veamos cómo los que ya habían sido creados, no tomaron la autoridad delegada del Padre para tener domino de todo lo que Él creó para ellos. Observemos lo siguiente, si nuestro Creador desarrolló su hermosa creación para entregarle al hombre todo para que lo sojuzgara, trabajara y dominara, ¿por qué creó también el árbol de la vida y el árbol de la ciencia del bien y del mal? Vuelvo y te repito, no quiero que pienses que le estoy echando la culpa a Dios, su soberanía es única. Él sabía lo que iba a ocurrir. ¡Porque Escrito Está...!

> *9 recuerden lo que ha pasado desde tiempos antiguos. Yo soy Dios, y no hay otro; soy Dios, y no hay nadie igual a mí. 10 Yo anuncio el fin desde el principio; anuncio el futuro*

> *desde mucho antes. Yo digo: Mis planes se realizarán;*
> *yo haré todo lo que me propongo. (Isaías 46: 9-10 DHH)*

Ahora, ¿quién fue usado para convencerlos a que comieran de ese fruto? La serpiente. ¿Y de dónde salió esta serpiente? ¿Quién la usó?, Leamos quién fue. ¡Porque Escrito Está...!

> *"¡Cómo has caído del cielo, oh lucero de la mañana, hijo de la aurora! Has sido derribado por tierra, tú que debilitabas a las naciones. Pero tú dijiste en tu corazón: "Subiré al cielo, por encima de las estrellas de Dios levantaré mi trono, y me sentaré en el monte de la asamblea, en el extremo norte. Subiré sobre las alturas de las nubes, me haré semejante al Altísimo". Sin embargo, has sido derribado al Seol, a lo más remoto del abismo.*
> *(Isaías 14:12-15)*

Pero la serpiente no era el enemigo como tal, sino este lucero caído que tomó ese reptil y lo usó en su plan de tentarlos y así sacarlos de su lugar de honra. Al hombre se le entregó todo lo creado por el Padre y fue Adán quien le puso nombre a todos los animales, pero nunca pensó que uno de ellos comenzaría una conversación.

Por esa razón, la serpiente logró captar su atención y con palabras sutiles convenció a la máxima creación de Dios para que cayeran en desobediencia. Lucifer, quien fue el encargado de la adoración del cielo, pero ya no como esa hermosa creación de Dios, sino como Satán. ¡Porque Escrito Está...!

"Hijo de hombre, levanta endechas sobre el rey de Tiro, y dile: Así ha dicho Jehová el Señor: Tú eras el sello de la perfección, lleno de sabiduría, y acabado de hermosura. En Edén, en el huerto de Dios estuviste; de toda piedra preciosa era tu vestidura; de cornerina, topacio, jaspe, crisólito, berilo y ónice; de zafiro, carbunclo, esmeralda y oro; los primores de tus tamboriles y flautas estuvieron preparados para ti en el día de tu creación. Tú, querubín grande, protector, yo te puse en el santo monte de Dios, allí estuviste; en medio de las piedras de fuego te paseabas. Perfecto eras en todos tus caminos desde el día que fuiste creado, hasta que se halló en ti maldad. A causa de la multitud de tus contrataciones fuiste lleno de iniquidad, y pecaste; por lo que yo te eché del monte de Dios, y te arrojé de entre las piedras del fuego, oh querubín protector. Se enalteció tu corazón a causa de tu hermosura, corrompiste tu sabiduría a causa de tu esplendor; yo te arrojaré por tierra; delante de los reyes te pondré para que miren en ti. Con la multitud de tus maldades y con la iniquidad de tus contrataciones profanaste tu santuario; yo, pues, saqué fuego de en medio de ti, el cual te consumió, y te puse en ceniza sobre la tierra a los ojos de todos los que te miran. Todos los que te conocieron de entre los pueblos se maravillarán sobre ti; espanto serás, y para siempre dejarás de ser." (Ezequiel.28:12-19)

Te explico, su nombre en el cielo era Lucifer (Luzbel) del latín *lux* "luz" y *fero* "llevar": "portador de luz", mientras que "Satán" es "adversario" en hebreo. También se le conoce como Hijo de la Mañana, Lucifer fue un hijo espiritual del Padre Celestial y dirigió la rebelión en la vida pre terrenal.

El nombre Lucero, refiriéndose a Lucifer, aparece una sola vez en la Biblia. ¡Porque Escrito Está...!

12 ¡Cómo caíste del cielo, oh Lucero, hijo de la mañana! Cortado fuiste por tierra, tú que debilitabas a las naciones.
(Isaías 14:12)

La serpiente fue el instrumento que utilizó Satán para seducir a Eva. Y así mismo Lucifer, cuando estaba en el cielo, sedujo a una tercera parte de los ángeles y los convenció a través de una mentira. ¡Porque Escrito Está...!

9 El dragón, esa antigua serpiente llamada también Diablo o Satanás, que engaña a todo el mundo, fue expulsado del cielo y fue arrojado a la tierra junto con sus ángeles.
(Apocalipsis 12:9 PDT)

Al tener ese conocimiento del bien y del mal su motivo principal al seducir la mujer era sencillamente que cayera la familia, lo que Adán y Eva iban a procrear, una familia bendecida con toda bendición. Pero Satán usó ese reptil para que le hablase a ella. De igual forma, si se escucha a una serpiente hablar, sería tanta la curiosidad del ser humano, que le prestaría atención y hasta podría hacerle caso. Pero, preste atención a lo que la serpiente astuta le dijo a Eva. ¡Porque Escrito Está...!

¹ Pero la serpiente era astuta, más que todos los animales del campo que Jehová Dios había hecho; la cual dijo a la mujer: ¿Conque Dios os ha dicho: ¿No comáis de todo árbol del huerto? ² Y la mujer respondió a la serpiente: Del fruto de los árboles del huerto podemos comer; ³ pero del fruto del árbol que está en medio del huerto dijo Dios: No comeréis de él, ni le tocaréis, para que no muráis. ⁴ Entonces la serpiente dijo a la mujer: No moriréis; ⁵ sino que sabe Dios que el día que comáis de él, serán abiertos vuestros ojos, y seréis como Dios, sabiendo el bien y el mal. ⁶ Y vio la mujer que el árbol era bueno para comer, y que era agradable a los ojos, y árbol codiciable para alcanzar la sabiduría; y tomó de su fruto, y comió; y dio también a su marido, el cual comió, así como ella. ⁷ Entonces fueron abiertos los ojos de ambos, y conocieron que estaban desnudos; entonces cosieron hojas de higuera, y se hicieron delantales. (Génesis 3:1-7)

Aquí podemos ver que nuestro único y soberano Dios, no impidió que eso ocurriera, porque quería ver si le obedecían a Él. Pero no fue así, y a raíz de esa desobediencia es que viene la separación de Dios con el hombre, y ellos fueron expulsados del huerto en Edén. De igual forma, cuando escuchamos voces extrañas, podemos caer en las mentiras del mundo y así ser expulsados del propósito de Dios. ¡Porque Escrito Está...!

11 para que Satanás no gane ventaja alguna sobre nosotros; pues no ignoramos sus maquinaciones.
(2 Corintios 2:11)

8 Sed sobrios, y velad; porque vuestro adversario el diablo, como león rugiente, anda alrededor buscando a quien devorar; (1 Pedro 5:8)

14 Y no es maravilla, porque el mismo Satanás se disfraza como ángel de luz. (2 Corintios 11:14)

7 Someteos, pues, a Dios; resistid al diablo, y huirá de vosotros. (Santiago 4:7)

13 No os ha sobrevenido ninguna tentación que no sea humana; pero fiel es Dios, que no os dejará ser tentados más de lo que podéis resistir, sino que dará también juntamente con la tentación la salida, para que podáis soportar.
(1 Corintios 10:13)

Al ocurrir esto, se afecta el matrimonio, los hijos, la familia y nuestras generaciones. No podemos permitir que el enemigo tome ventaja por no citar la Palabra correctamente en el momento del ataque. Tenemos que estudiar y escudriñar la Biblia, prepararnos para obtener las promesas que están escritas en ella, ya que son nuestra herencia y se transfieren a nuestra siguiente generación. ¡Porque Escrito Está...!

¹⁸ Porque si la herencia es por la ley, ya no es por la promesa; pero Dios la concedió a Abraham mediante la promesa...²⁹ Y si vosotros sois de Cristo, ciertamente linaje de Abraham sois, y herederos según la promesa.
(Gálatas 3:18, 29)

¹⁵ Así que, por eso es mediador de un nuevo pacto, para que interviniendo muerte para la remisión de las transgresiones que había bajo el primer pacto, los llamados reciban la promesa de la herencia eterna. (Hebreos 9:15)

Luego de que comieron del fruto se dieron cuenta de que habían desobedecido y por primera vez observaron que estaban desnudos. ¡Porque Escrito Está...!

⁷ Entonces fueron abiertos los ojos de ambos, y conocieron que estaban desnudos; entonces cosieron hojas de higuera, y se hicieron delantales. (Génesis 3:7)

Es aquí cuando, a consecuencia de su caída, la creación de Dios vio su desnudez. No es hasta que se nos llama la atención que vemos cuan desnudos estamos. ¿Y qué significó esto para Adán? Que ya no estaba bajo la cobertura divina.

En el momento que decidimos hacer, provocar, insinuar, seducir o nos dejamos seducir, etc.... es cuando dejamos de estar cubiertos por Dios.

"Y se colocaron hojas de higueras para cubrir su desnudez". De igual forma, todavía nos colocamos hojas de higueras cuando cometemos una falta, un error, cuando pecamos; en vez de reconocerlo lo escondemos. Recordemos que Él no vino a juzgarnos, Él nos quiere salvar. No busquemos más hojas de higueras para tapar lo que hemos hecho mal, por desobedecerle. ¡Porque Escrito Está...!

10 Porque el Hijo del Hombre vino a buscar y a salvar lo que se había perdido. (Lucas 19:10)

Cuando ya se habían cubierto la desnudez de ambos, escuchan la voz de Jehová Dios que se paseaba por el huerto y es ahí, cuando trataron de jugar a las escondidillas con Dios, y no lo lograron, ¡Porque Escrito Está...!

8 Y oyeron la voz de Jehová Dios que se paseaba en el huerto, al aire del día; y el hombre y su mujer se escondieron de la presencia de Jehová Dios entre los árboles del huerto. (Génesis 3: 8)

Por eso es, que cada vez que se comete alguna falta, error, pecado, mal acción, etc.... nos tratamos de esconder para que nadie sepa, pero de Él nada ni nadie se puede esconder. Él lo ve todo, lo sabe todo y está en todo lugar, o sea, sabe de nuestros escondites. ¡Porque Escrito Está...!

> ⁷ ¿A dónde me iré de tu Espíritu? ¿Y a dónde huiré de tu presencia? ⁸ Si subiere a los cielos, allí estás tú; Y si en el Seol hiciere mi estrado, he aquí, allí tú estás.
> *(Salmo 139:7-8)*

A raíz de esta caída, la primera creación humana se esconde de su Creador. Pero de la Omnipresencia de Dios nadie se puede esconder; entonces nuestro Creador le pregunta Adán, ¿dónde estás tú? ¡Porque Escrito Está...!

> ⁸ Y oyeron la voz de Jehová Dios que se paseaba en el huerto, al aire del día; y el hombre y su mujer se escondieron de la presencia de Jehová Dios entre los árboles del huerto. ⁹ Mas Jehová Dios llamó al hombre, y le dijo: ¿Dónde estás tú? *(Génesis. 3:8-9)*

Ahora, observemos la respuesta de Adán ¡Porque Escrito Está...!

> ¹⁰ Y él respondió: Oí tu voz en el huerto, y tuve miedo, porque estaba desnudo; y me escondí.
> *(Génesis 3:10)*

Al oír su voz, Adán le respondió con miedo, reconoció que estaba desnudo y se escondió. Así debemos ser delante de Dios, ser transparentes con Él, ya que nuestro Padre nos va a corregir, pero nunca nos va a desamparar. ¡Porque Escrito Está...!

> *10 Aunque mi padre y mi madre me dejaran, con todo, Jehová me recogerá. (Salmo 27:10)*

Ahora, miren algo interesante, Dios no los mató, les dio una oportunidad de vivir. Obviamente pagando las consecuencias de su decisión, pero no tomó esa actitud de pagar mal con mal, al contrario, les dijo cómo serían las cosas desde ese momento en adelante.

Dios quiso preguntar cómo fue que comieron de ese árbol. Y Adán le respondió, "la mujer que me diste". ¡Porque Escrito Está...!

> *12 Y el hombre respondió: La mujer que me diste por compañera me dio del árbol, y yo comí. (Génesis 3:12)*

Pero si vamos a *Génesis 2:18,* el Creador había dicho "le crearé una ayuda idónea, ¡Porque Escrito Está...!

> *18 Y dijo Jehová Dios: No es bueno que el hombre esté solo; le haré ayuda idónea para él. (Génesis 2:18)*

Hizo dormir Adán y de su costilla la creó. Entonces cuando Adán se despertó vio su ayuda idónea y declaró: "ella es hueso de mis huesos y carne de mi carne, esta será llamada Varona porque del Varón fue tomada. ¡Porque Escrito Está...!

²² Y de la costilla que Jehová Dios tomó del hombre, hizo una mujer, y la trajo al hombre. ²³ Dijo entonces Adán: Esto es ahora hueso de mis huesos y carne de mi carne; ésta será llamada Varona, porque del varón fue tomada.
(Génesis 2:22-23)

Ahora, de lo creado por Dios como idónea, a raíz de la pregunta por comer del árbol, Adán le contestó a Dios, la mujer que me diste, o sea, Adán ya no la veía ni la reconocía como la idónea creada por Dios para él. Pero sí la menciona como mujer y no como idónea. Y esto se debe a que sus ojos fueron abiertos, sabiendo el bien y el mal, y él ya no la vio igual. Ya no era huesos de sus huesos, ni carne de su carne, mucho menos la mencionó como Varona.

Que Dios nos abra los ojos, para ver a nuestras esposas como fueron creadas para nosotros, mujeres sabias, idóneas, vasos frágiles, para honrarlas y no culparlas de nuestras malas decisiones. Las caídas solo nos desvían de lo creado para nosotros, pero Él es justo para con nosotros. ¡Porque Escrito Está...!

16 Porque siete veces cae el justo, y vuelve a levantarse;
Mas los impíos caerán en el mal.
(Proverbios 24:16)

Ahora, la señaló a ella como culpable de su error o de su caída. Así mismo el enemigo busca gente que culpe, señalé, juzgue y responsabilice a otro por su tropiezo. Pero saben que, ya Dios tenía un plan divino, ya que Adán no se responsabilizó de su mala decisión. Esto nos enseña que, ante la caída, viene la misericordia de Dios no para juzgarte, sino para levantarte para su propósito. Porque no se quedó ahí, Dios le preguntó a la mujer qué había pasado y ella señaló al culpable. ¡Porque Escrito Está...!

13 Entonces Jehová Dios dijo a la mujer: ¿Qué es lo que has hecho? Y dijo la mujer: La serpiente me engañó, y comí.
(Génesis 3:13)

La ayuda idónea creada por Dios para Adán ahora es confrontada por su Creador por el señalamiento de su varón, y la misma le informa a Dios que fue engañada. Así trabaja el enemigo con engaños para sacarnos del destino y propósito diseñado por Dios para nosotros.

Hoy, es un buen día para meditar en lo siguiente, ¿cuántas veces hemos sido engañados, seducidos y provocados a comer de un fruto prohibido?

¿Por qué seguir buscando un culpable? ¿Por qué señalamos a otros de nuestros errores? ¿Por qué permitimos ser dañados con el espíritu de culpa? ¿Por qué nos dejamos ser dañados con los cobros de deudas de nuestro pasado? ¿Por qué nos dejamos ser golpeados con la falta de perdón? ¿Por qué tomar como rehenes a los nuestros y pasarle factura, si fueron creados para bendecir nuestras vidas?

Dios, maldijo la serpiente y la colocó en una posición que no es la nuestra, la condenó a arrastrarse toda la vida. Pero a ti y a mí nos colocó como cabeza y no como cola. ¡Porque Escrito Está...!

> *13 Te pondrá Jehová por cabeza, y no por cola; y estarás encima solamente, y no estarás debajo, si obedecieres los mandamientos de Jehová tu Dios, que yo te ordeno hoy, para que los guardes y cumplas, (Deuteronomio 28:13)*

Y para terminar este capítulo (aquí la Iglesia en Houston diría ¡Ahhhh!), Dios también desató hacia la mujer lo siguiente: "darás a luz tus hijos con dolor". ¡Porque Escrito Está...!

> *16 A la mujer dijo: Multiplicaré en gran manera los dolores en tus preñeces; con dolor darás a luz los hijos; y tu deseo será para tu marido, y él se enseñoreará de ti.*
> *(Génesis 3:16)*

Porque Dios nunca quiere el mal para sus hijos, ya que luego de dar a luz con dolor, se regocijará con la herencia de Jehová, los hijos, ¡Porque Escrito Está...!

> ³ *He aquí, herencia de Jehová son los hijos;*
> *Cosa de estima el fruto del vientre. (Salmo 127:3)*

Al hombre le dijo que por su causa la tierra era maldita, que comería por medio del trabajo de sus manos y el sudor de su frente. ¡Porque Escrito Está...!

> ¹⁹ *Con el sudor de tu rostro comerás el pan hasta que vuelvas a la tierra, porque de ella fuiste tomado; pues polvo eres, y al polvo volverás. (Génesis 3:19)*

Es el hombre quien fue creado a imagen de Dios, y él mismo debe de tomar la posición de varón, hombre, hijo, sacerdote, pastor, esposo, padre y amigo en su hogar. Ya es tiempo de que ejerzamos dicha orden de Dios sobre nosotros desde la creación del mundo. Dios no nos creó machos, porque machos son los animales, nos creó hombres de honra para honrar a su Creador.

Entonces, es aquí donde por primera vez vemos un cambio de nombre, ya no llamaría varona a la mujer, ya que, a raíz de echarlos del huerto en Edén, Adán (hombre Rojizo), le puso por nombre Eva (vida, viviente). ¡Porque Escrito Está...!

²⁰ Y llamó Adán el nombre de su mujer, Eva, por cuanto ella era madre de todos los vivientes. (Génesis 3:20)

Desde el principio nos escogió para darnos vida eterna, no para pasar sin hacer su voluntad aquí en la tierra, ya que somos su propósito y tenemos un destino profético, pero solo se cumple estando en Él.

Dios nos cambia los nombres cuando llegamos a Él, de ser creación nos lleva a ser hijos, por medio de su hijo Jesús. Al aceptar a Jesús como Salvador eres merecedor de su herencia. ¡Porque Escrito Está...!

³ Los hijos son un regalo del SEÑOR; son una recompensa de su parte. ⁴ Los hijos que le nacen a un hombre joven son como flechas en manos de un guerrero. ⁵ ¡Qué feliz es el hombre que tiene su aljaba llena de ellos! No pasará vergüenza cuando enfrente a sus acusadores en las puertas de la ciudad. (Salmo 127:3-5 NTV)

Capítulo 3

Dios se arrepintió

Nuestro amado Dios se arrepintió de haber creado al hombre, porque en él solo había maldad en su corazón y en sus pensamientos. La desobediencia del hombre abrió la puerta de la maldad en la creación humana. ¡Porque Escrito Está...!

> *³ Y dijo Jehová: No contenderá mi espíritu con el hombre para siempre, porque ciertamente él es carne; más serán sus días ciento veinte años. ⁵ Y vio Jehová que la maldad de los hombres era mucha en la tierra, y que todo designio de los pensamientos del corazón de ellos era de continuo solamente el mal. (Génesis 6:3-5)*

Podemos entender que a nuestro Creador no le agradaba las acciones, actitudes y decisiones del ser que fue creado a su imagen y semejanza. A Él le dolía cada mala acción de su hermosa creación, en la cual puso todo su deseo, alegría y autoridad, pero no fue correspondido. Entonces, nuestro amado Dios se arrepintió, sinónimo de humillación. Él desea que nosotros también nos arrepintamos y nos humillemos. ¡Porque Escrito Está...!

> *6 Y se arrepintió Jehová de haber hecho hombre en la tierra, y le dolió en su corazón. 7 Y dijo Jehová: Raeré de sobre la faz de la tierra a los hombres que he creado, desde el hombre hasta la bestia, y hasta el reptil y las aves del cielo; pues me arrepiento de haberlos hecho. (Génesis 6:6-7)*

Pero, aun así, halló gracia en un hombre llamado Noé, su nombre significa, descanso, consuelo. ¡Porque Escrito Está...!

> *8 Pero Noé halló gracia ante los ojos de Jehová. (Génesis 6:8)*

Dios vio en Noé el descanso y consuelo de lo que había creado; le dio la orden de crear un arca, para que en ella entrara él y su familia, y cada especie creada en pareja, ya que siempre el deseo de Dios es que la familia esté unida. De esta manera, volvería a formar toda creación humana por la gracia que encontró en Noé, junto a todo ser viviente creado para el dominio del hombre. Dios hizo pacto perpetuo de no destruir más al hombre con agua y puso como señal en el cielo el arcoíris, para recordarse de su pacto con el hombre. ¡Porque Escrito Está...!

> *⁹ He aquí que yo establezco mi pacto con vosotros, y con vuestros descendientes después de vosotros; ¹⁰ y con todo ser viviente que está con vosotros; aves, animales y toda bestia de la tierra que está con vosotros, desde todos los que salieron del arca hasta todo animal de la tierra. ¹¹ Estableceré mi pacto con vosotros, y no exterminaré ya más toda carne con aguas de diluvio, ni habrá más diluvio para destruir la tierra. ¹² Y dijo Dios: Esta es la señal del pacto que yo establezco entre mí y vosotros y todo ser viviente que está con vosotros, por siglos perpetuos: ¹³ Mi arco he puesto en las nubes, el cual será por señal del pacto entre mí y la tierra. ¹⁴ Y sucederá que cuando haga venir nubes sobre la tierra, se dejará ver entonces mi arco en las nubes. ¹⁵ Y me acordaré del pacto mío, que hay entre mí y vosotros y todo ser viviente de toda carne; y no habrá más diluvio de aguas para destruir toda carne.¹⁶ Estará el arco en las nubes, y lo veré, y me acordaré del pacto perpetuo entre Dios y todo ser viviente, con toda carne que hay sobre la tierra. ¹⁷ Dijo, pues, Dios a Noé: Esta es la señal del pacto que he establecido entre mí y toda carne que está sobre la tierra. (Génesis 9:9-17)*

¡Gracias a ese pacto tú y yo estamos vivos hoy, y nuestra descendencia está protegida por ese pacto hoy y por siempre!

Aunque nuestro Padre Celestial se arrepintió de lo que había creado por la maldad que había en ellos, se movió a misericordia y no la destruyó en la totalidad, con el único fin de cumplir su promesa. Todo lo que ha creado es bueno y somos a sus ojos buenos, solo tenemos que llegar a sus pies arrepentirnos, humillarnos y clamar que su pacto se cumpla en nosotros. Por eso le dio la orden a Noé, de construir un arca. ¡Porque Escrito Está...!

14 Hazte un arca de madera de gofer; harás aposentos en el arca, y la calafatearás con brea por dentro y por fuera.
(Génesis 9:14)

Si observamos la orden de Dios hacia Noé fue, construye un Arca, y su propósito principal fue que la creación volviera a estar junto a Él. Para que volviera a sentirse segura, cuidada, protegida de lo que iba a ocurrir luego de ser terminada dicha construcción. Para mí el Arca es tipología de Cristo, ya que fue hecha de madera, tenía 3 pisos, una sola ventana y una sola puerta. ¡Porque Escrito Está...!

16 Una ventana harás al arca, y la acabarás a un codo de elevación por la parte de arriba; y pondrás la puerta del arca a su lado; y le harás piso bajo, segundo y tercero.
(Génesis 6:16)

¿Por qué es tipología de Cristo? Por lo siguiente: Noé se convirtió en un carpintero, además recuerden que Noé significa descanso, lo que es

Cristo para todos nosotros, nuestro descanso. ¡Porque Escrito Está...!

> ²⁸ *Luego dijo Jesús: «Vengan a mí todos los que están cansados y llevan cargas pesadas, y yo les daré descanso.*
> *(Mateo 11:28 NTV)*

Jesús es nuestro carpintero por eso nos hace vasos de honra, los cuales resisten toda situación a su alrededor, así como resistió el Arca. ¡Porque Escrito Está...!

> ¹⁰ *No temas, porque yo estoy contigo; no desmayes, porque yo soy tu Dios que te esfuerzo; siempre te ayudaré, siempre te sustentaré con la diestra de mi justicia.*
> *(Isaías 41:10)*

Cristo fue crucificado en una cruz de madera, hecha por el hombre. Así fue construida el Arca, de madera, por un hombre llamado Noé. Porque es el hombre quien debe construir un Arca donde él y su familia estén seguras, y como único lo logran es en Jesús. Para que, de esa manera, Cristo llegue a dicha Arca y por medio de Él, recibamos la salvación y el perdón de nuestros pecados.

El Arca tenía una sola puerta, porque solo es Cristo nuestra única puerta y salida. Él es la única puerta de las ovejas. ¡Porque Escrito Está...!

⁹ Yo soy la puerta; los que entren a través de mí serán salvos. Entrarán y saldrán libremente y encontrarán buenos pastos. (Juan 10:9 NTV)

El Arca tenía una única ventana que daba al oriente, o sea Cristo fue crucificado mirando hacia el oriente y es por donde Cristo se levantará para dar su entrada en **Jerusalén**. Es Cristo quien dirige nuestros pasos, ya que es por esa ventana que entró y salió el lucero de la mañana en dicha Arca. Y también por esa ventana salió la paloma que al volver trajo una hoja de olivo en su pico. ¡Porque Escrito Está...!

⁸ Envió también de sí una paloma, para ver si las aguas se habían retirado de sobre la faz de la tierra.⁹ Y no halló la paloma donde sentar la planta de su pie, y volvió a él al arca, porque las aguas estaban aún sobre la faz de toda la tierra. Entonces él extendió su mano, y tomándola, la hizo entrar consigo en el arca. ¹⁰ Esperó aún otros siete días, y volvió a enviar la paloma fuera del arca. ¹¹ Y la paloma volvió a él a la hora de la tarde; y he aquí que traía una hoja de olivo en el pico; y entendió Noé que las aguas se habían retirado de sobre la tierra. ¹² Y esperó aún otros siete días, y envió la paloma, la cual no volvió ya más a él. (Génesis 8:8-12)

Esta hoja de olivo es tipificación de lo que sería el Getsemaní, ya que no era por medio de Noé la salvación, sino por medio de Cristo. Dicha hoja de olivo es tipología del Getsemaní que significa prensa de aceite, ya que solo Jesús resistiría dicha presión para desatar la salvación de nuestras almas a través de su muerte y resurrección. ¡Porque Escrito Está...!

> [12] *¡Sólo en Jesús hay salvación! No hay otro nombre en este mundo por el cual los seres humanos podamos ser salvos.*
> *(Hechos 4:12 PDT)*

El Arca tenía tres pisos, y fue al tercer día que Cristo resucitó. Por tal razón, cada piso representaba un día en la muerte y resurrección de Cristo. ¿Por qué traigo esto? ¡Porque Escrito Está...!

Primer piso, (Primer día)

> [39] *Jesús les respondió: Solo una generación maligna y adúltera exigiría una señal milagrosa; pero la única que les daré será la señal del profeta Jonás.* [40] *Así como Jonás estuvo en el vientre del gran pez durante tres días y tres noches, el Hijo del Hombre estará en el corazón de la tierra durante tres días y tres noches.*
> *(Mateo 12:39-40 NTV)*

> [21] *A partir de entonces, Jesús empezó a decir claramente a sus discípulos que era necesario que fuera a Jerusalén, y que sufriría muchas cosas terribles a manos de los ancianos, de los principales sacerdotes y de los maestros de la ley religiosa. Lo matarían, pero al tercer día resucitaría.*
> *(Mateo 16:21 NTV)*

¡Fue al segundo día que bajó a los confines de la tierra y le quitó las llaves de la muerte a Satanás! ¡Porque Escrito Está...!

Segundo piso, (Segundo día)

¹⁷ Cuando lo vi, caí a sus pies como muerto; pero él puso la mano derecha sobre mí y me dijo: «¡No tengas miedo! Yo soy el Primero y el Último. ¹⁸ Yo soy el que vive. Estuve muerto, ¡pero mira! ¡Ahora estoy vivo por siempre y para siempre! Y tengo en mi poder las llaves de la muerte y de la tumba.
(Apocalipsis 1:17-18 NTV)

¹⁸ Cristo sufrió por nuestros pecados una sola vez y para siempre. Él nunca pecó, en cambio, murió por los pecadores para llevarlos a salvo con Dios. Sufrió la muerte física, pero volvió a la vida en el Espíritu. ¹⁹ Por lo tanto, fue a predicarles a los espíritus encarcelados, ²⁰ esos que desobedecieron a Dios hace mucho tiempo, cuando Dios esperaba con paciencia mientras Noé construía el arca. Solo ocho personas se salvaron de morir ahogadas en ese terrible diluvio. ²¹ El agua del diluvio simboliza el bautismo que ahora los salva a ustedes no por quitarles la suciedad del cuerpo, sino porque responden a Dios con una conciencia limpia y es eficaz por la resurrección de Jesucristo.
(1 Pedro 3:18-21 NTV)

¡Y al tercer día resucitó ¡Porque Escrito Está...!

Tercer piso, (Tercer día)

²⁵ Le dijo Jesús: Yo soy la resurrección y la vida; el que cree en mí, aunque esté muerto, vivirá. ²⁶ Y todo aquel que vive y cree en mí, no morirá eternamente. ¿Crees esto?
(Juan 11:25-26)

Y es que dentro del Arca estaban los tres días antes de morir Cristo, tipificados en los tres pisos dentro del Arca. Por tal razón, estamos llamados a construir nuestro propio Arca (espiritual), para que seamos los Noé de estos tiempos. Las circunstancias y los procesos de nuestras vidas nos golpearán, pero en Cristo estaremos seguros, ya que solo Él puede producir una gran bonanza si está en nuestra Arca. ¡Porque Escrito Está...!

37 Pronto se desató una tormenta feroz y olas violentas entraban en la barca, la cual empezó a llenarse de agua. 38 Jesús estaba dormido en la parte posterior de la barca, con la cabeza recostada en una almohada. Los discípulos lo despertaron: «¡Maestro! ¿No te importa que nos ahoguemos?», gritaron. 39 Cuando Jesús se despertó, reprendió al viento y dijo a las olas: «¡Silencio! ¡Cálmense!». De repente, el viento se detuvo y hubo una gran calma. 40 Luego él les preguntó: «¿Por qué tienen miedo? ¿Todavía no tienen fe?». (Marcos 4:37-40 NTV)

Si piensas que Dios se arrepintió de crearte o sientes que Él no te escucha, recuerda el pacto contigo y los tuyos. ¡Porque Escrito Está...!

13 He puesto mi arco iris en las nubes. Esa es la señal de mi pacto con ustedes y con toda la tierra. 14 Cuando envíe nubes sobre la tierra, el arco iris aparecerá en las nubes 15 y yo me acordaré de mi pacto con ustedes y con todas las criaturas vivientes. Nunca más las aguas de un diluvio

volverán a destruir a todos los seres vivos. ¹⁶ Cuando yo vea el arco iris en las nubes, me acordaré del pacto eterno entre Dios y toda criatura viviente sobre la tierra». ¹⁷ Entonces Dios le dijo a Noé: «Este arco iris es la señal del pacto que yo confirmo con todas las criaturas de la tierra».
(Génesis 9:13-17 NTV)

Observemos algo, en esta lectura el arca estuvo 40 días y 40 noches siendo azotada por el agua y los vientos. ¡Porque Escrito Está...!

¹² y hubo lluvia sobre la tierra cuarenta días y cuarenta noches. (Génesis 7:12 NTV)

Y esto también es tipología de Jesús, porque estuvo 40 días y 40 noches en ayuno luego de salir del agua al ser bautizado por Juan el Bautista, ¿lo recuerdan? ¡Porque Escrito Está...!

¹Luego el Espíritu llevó a Jesús al desierto para que allí lo tentara el diablo. ² Durante cuarenta días y cuarenta noches ayunó y después tuvo mucha hambre. (Mateo 4:1-2 PDT)

El Arca es tipología de Cristo, ya que solo es por medio de Él, que llegaremos a puerto seguro, si dejas que sea tu capitán. Él sabe cuándo descenderán las aguas para que tú y tu familia lleguen a puerto seguro. Las aguas estuvieron 150 días sobre la faz de la tierra, Dios envió un viento recio y disminuyeron las aguas. ¡Porque Escrito Está...!

²⁴ Y prevalecieron las aguas sobre la tierra ciento cincuenta días. (Génesis 7:24)

¹Y se acordó Dios de Noé, y de todos los animales, y de todas las bestias que estaban con él en el arca; e hizo pasar Dios un viento sobre la tierra, y disminuyeron las aguas. (Génesis 8:1)

Dios volvió a actuar de una manera sobrenatural al utilizar su viento recio sobre la tierra, como lo hizo al principio al crear todo y mover su Espíritu sobre la faz de las aguas. Su plan original es que su creación siempre esté ordenada en Él y por Él.

Ahora, observemos lo siguiente, luego de estar 150 días las aguas sobre toda la tierra, Jehová se acordó de Noé, de su familia, de los animales y de todas las bestias que estaban con él en el arca. Y al disminuir las aguas hizo reposar el arca al séptimo mes sobre los montes de Ararat. ¡Porque Escrito Está...!

⁴ Y reposó el arca en el mes séptimo, a los diecisiete días del mes, sobre los montes de Ararat. (Génesis 8:4)

El significado de estos montes es "Tierra Santa", ¡Wao! que poder divino, nuestro amado al acordarse de nosotros y de los nuestros, hace descender toda agua que nos está apartando de nuestro monte o sea de nuestra "Tierra Santa". Así es su amor hacia nosotros, un amor incondicional, un amor genuino, un amor loco por sus hijos. ¡Porque Escrito Está...!

> *16 Pues Dios amó tanto al mundo que dio a su único Hijo, para que todo el que crea en él no se pierda, sino que tenga vida eterna. (Juan 3:16 NTV)*

Te invito a que hagas un inventario de vida, ¿Qué es lo que te está alejando de tu monte Ararat (Tierra Santa)? ¿Te sientes solo(a) y piensas que Dios se olvidó de ti? ¿Crees que no eres merecedor de su gracia por las veces que has sucumbido en las aguas que golpean tu barca? ¿Piensas que ser un fracasado(a) es tu destino final?

Pues tengo buenas noticias para ti, Él es tu capitán no se va a hundir tu Arca, no se va a desviar a otro lugar que no sea el monte Ararat; su Tierra Santa y ese puerto está seguro en Él. Deja que Jesús sea el capitán de tu Arca, porque estando Él en el timón, nada ni nadie te sacará de descansar en tu monte Ararat. ¡Porque Escrito Está...!

> *22 Aconteció un día, que entró en una barca con sus discípulos, y les dijo: Pasemos al otro lado del lago. Y partieron. 23 Pero mientras navegaban, él se durmió. Y se desencadenó una tempestad de viento en el lago; y se anegaban y peligraban. 24 Y vinieron a él y le despertaron, diciendo: ¡!Maestro, ¡Maestro, que perecemos! Despertando*

él, reprendió al viento y a las olas; y cesaron, y se hizo bonanza. (Lucas 8:22-24)

Siendo Jesús Capitán en nuestra Arca, a donde quiera que Él nos envié, nos lleve o nos plante, allí estaremos seguros. Solo al ser obediente y estar bajo su cobertura y la de nuestras autoridades delegadas, como nuestros pastores, líderes, etc... cada mar que tengamos que cruzar, proceso que vivir o prueba que enfrentar, estaremos confiados, porque **NO** son para muerte, sino para que maduremos y crezcamos a la imagen de Él. ¡Porque Escrito Está...!

13 hasta que todos lleguemos a la unidad de la fe y del conocimiento del Hijo de Dios, a un varón perfecto, a la medida de la estatura de la plenitud de Cristo; 14 para que ya no seamos niños fluctuantes, llevados por doquiera de todo viento de doctrina, por estratagema de hombres que para engañar emplean con astucia las artimañas del error, 15 sino que siguiendo la verdad en amor, crezcamos en todo en aquel que es la cabeza, esto es, Cristo.
(Efesios 4:13-15)

Capítulo 4

El pacto está vigente todavía

En los pasados capítulos les compartí información importante que nos da la base de cómo y dónde todo comenzó. Hay mucha información que aún no se nos ha revelado, ya que son los grandes misterios de Dios, que los revelará cuando estemos en su presencia.

Luego de leer y entender lo sucedido con la Creación, la Caída de la Creación (Adán y Eva), y lo ocurrido con Noé, en este capítulo veremos cómo Dios escoge a otra persona para continuar con su pacto con nosotros. Y es aquí donde aparece Abram, conocido hoy día como el padre de la fe.

Demos comienzo a esta hermosa travesía en la vida de Abram. Dios, al ver que la creación seguía haciendo cosas que no le agradaban, volvió a dar otra oportunidad a su creación y observó la vida de un hombre que llevaba por nombre Abram. Esto nos enseña que Dios es un Dios de oportunidades.

Abram viene de la descendencia de Taré su padre y su padre viene por la descendencia de Nacor. Nacor viene de la descendencia de Serug, Serug de la descendencia de Reu, Reu de la descendencia de Peleg, Peleg de la descendencia de Heber, Heber de la descendencia de Sala, Sala de la descendencia de Arfaxad, Arfaxad de la descendencia de Sem, hijo de Noé. Recordemos algo, al salir del Arca Noé, su familia y los animales, este comenzó a trabajar la tierra e hizo un viñedo. ¡Por qué Escrito Está...!

Y a raíz de esa siembra Noé hizo vino, lo tomó y se embriagó. Al tomar se quedó dormido, pero estaba desnudo, y uno de sus hijos vio su desnudez. ¡Porque Escrito Está...!

[20] Después del diluvio, Noé comenzó a cultivar la tierra y plantó un viñedo. [21] Cierto día, bebió del vino que había hecho y se emborrachó, y estaba recostado y desnudo dentro de su carpa. (Génesis 9:20-21 NTV)

²² Y Cam, padre de Canaán, vio la desnudez de su padre, y lo dijo a sus dos hermanos que estaban afuera.
(Génesis 9:22)

Su padre Noé al saber lo ocurrido lo maldijo por la deshonra. Y es allí donde Noé maldijo a Cam y bendijo a sus otros dos hijos, Sem y Jafet. ¡Porque Escrito Está...!

²⁴ Y despertó Noé de su embriaguez, y supo lo que le había hecho su hijo más joven, ²⁵ y dijo: Maldito sea Canaán; Siervo de siervos será a sus hermanos. ²⁶ Dijo más: Bendito por Jehová mi Dios sea Sem, Y sea Canaán su siervo.
²⁷ Engrandezca Dios a Jafet, Y habite en las tiendas de Sem, Y sea Canaán su siervo. (Génesis 9:24-27)

Abram vino de la descendencia de su padre Taré y su padre por la descendencia de Sem. Traigo esta información, porque para haber cumplimiento de pacto en nosotros no podemos venir de una generación en maldición. Y es por eso, que Dios dentro de su infinita magnificencia y soberanía, no permitió que el cumplimiento del pacto viniera a través de Cam, sino a través de Sem.

¿Por qué es importante saber la descendencia de ellos? Porque a raíz de nuestra generación pasada estamos cargando cosas o teniendo conductas repetitivas que vienen de nuestra generación pasada.

Ellos no son culpables de nada, al igual que nosotros, somos víctimas de ese ciclo por falta de conocimiento. ¡Porque Escrito Está...!

> [6] *Mi pueblo fue destruido, porque le faltó conocimiento...*
> *(Oseas 4:6)*

Me di a la tarea de buscar el significado de cada nombre de la descendencia de Taré, padre de Abram, las mismas están escritas varios párrafos antes y encontré lo siguiente;

Sem (nombre), Arfaxad (sanador, liberador), Sala (renuevo), Heber (más allá, sociedad), Peleg (división), Reu (amigo), Serug (rama, vástago), Nacor (roncador), Taré (sitio), Abram (padre exaltado) y Abraham (padre de multitud).

Entonces observemos lo siguiente, según el significado de cada generación pasada se formaría una oración así;

> *"El nombre sanador y libertador que trae un renuevo más allá de la sociedad, quita la división, se hace amigo, siendo el vástago roncador en el sitio que el padre será exaltado y convertido en el padre de multitudes, Jeseus".*
> *¡Gloria a Dios!*

Por tal razón, dichas descendencias Dios las formó con un destino profético por medio del significado de cada nombre. Eres un propósito aquí en la tierra y se va a cumplir lo destinado para ti y los tuyos.

Ahora entras a entender, aprender o tal vez reforzar lo que ya sabes que nuestro Padre Celestial hizo para todos nosotros. Él escoge, prepara, educa, afirma, envía, consagra y posiciona a sus hijos para que sigamos cumpliendo y viviendo su propósito y destino profético. ¡Porque Escrito Está...!

> *13 Y todos tus hijos serán enseñados por Jehová; y se multiplicará la paz de tus hijos. (Isaías 54:13)*

Taré padre de Abram tomó a su familia y salieron de Hur de los caldeos rumbo a la tierra de Canaán y se quedaron en Harán donde su padre murió. Abram tenía 75 años cuando su padre murió en Harán. ¡Porque Escrito Está...!

> *31 Y tomó Taré a Abram su hijo, y a Lot hijo de Harán, hijo de su hijo, y a Saraí su nuera, mujer de Abram su hijo, y salió con ellos de Ur de los caldeos, para ir a la tierra de Canaán; y vinieron hasta Harán, y se quedaron allí. (Génesis 11:31)*

Cuando Dios escogió a Abram lo hizo con la plena seguridad que de él saldrían las naciones bajo la promesa que Dios le estaba declarando antes de salir de la tierra donde estaba. ¡Porque Escrito Está...!

¹Pero Jehová había dicho a Abram: Vete de tu tierra y de tu parentela, y de la casa de tu padre, a la tierra que te mostraré. ² Y haré de ti una nación grande, y te bendeciré, y engrandeceré tu nombre, y serás bendición. ³ Bendeciré a los que te bendijeren, y a los que te maldijeren maldeciré; y serán benditas en ti todas las familias de la tierra.

(Génesis 12:1-3)

Al pasar de los años Dios se le reveló en visión a Abram y le dijo que de él saldría una nación grande y bendecida. ¡Porque Escrito Está...!

¹Después de estas cosas vino la palabra de Jehová a Abram en visión, diciendo: No temas, Abram; yo soy tu escudo, y tu galardón será sobremanera grande.

(Génesis 15:1)

³ Dijo también Abram: Mira que no me has dado prole, y he aquí que será mi heredero un esclavo nacido en mi casa. ⁴ Luego vino a él palabra de Jehová, diciendo: No te heredará éste, sino un hijo tuyo será el que te heredará.

(Génesis 15:3-4)

No sé cuántas veces has tenido una visión o un sueño y el mismo te deja pensando y preguntándote, ¿que será eso que vi o soñé? Es ahí, donde debemos tener esa búsqueda de su presencia y pedirle que se nos revele lo que Él quiere que hagamos. Pero buscar dicha interpretación fuera de Dios, no es lo correcto, ya que hay muchos engañadores en esta tierra y podríamos caer en caminos errados, abortar el propósito y destino que Dios nos trazó. Incluso podrían llevarnos a renunciar al pacto. ¡Porque Escrito Está...!

¹Pero el Espíritu dice claramente que en los postreros tiempos algunos apostatarán de la fe, escuchando a espíritus engañadores y a doctrinas de demonios
(1 Timoteo 4:1)

¡Cuidado, cuidado! Mi consejo como pastor es, que busques un lugar donde te instruyan en la lectura de la Palabra de Dios, seas educado en la sana doctrina, donde tengas tiempo de consejería, donde puedas abrir tu corazón, donde adores en libertad al Señor Todopoderoso y traiga paz a tu corazón; donde seas dirigido a cumplir el plan, propósito y destino profético para el cual fuiste creado y llamado.

Niégate a renunciar al pacto que Dios hizo para ti y los tuyos. Por medio de Abraham, Dios te prometió cosas grandes y eternas, eres hijo del Rey de reyes y Señor de señores, Jesucristo. Por tal razón, tienes herencia del Reino, eres rey o reina de nuestro Padre Celestial, solo créelo y verás. ¡Porque Escrito Está...!

⁵ y de Jesucristo el testigo fiel, el primogénito de los muertos, y el soberano de los reyes de la tierra. Al que nos amó, y nos lavó de nuestros pecados con su sangre,⁶ y nos hizo reyes y sacerdotes para Dios, su Padre; a él sea gloria e imperio por los siglos de los siglos. Amén. (Apocalipsis 1:5-6)

Ahora, ocurrió algo que nuestros amigos Abram y Saraí dentro de su edad, ya que eran mayorcitos, pensaron que su promesa no podía darse bajo las circunstancias que ellos veían, creyeron que la promesa de tener un hijo no ocurriría. ¡Porque Escrito Está...!

Abram pensó que era imposible tener un hijo, lo que significa, que la promesa divina para él debía ser un chiste. Desde la perspectiva del hombre era algo inalcanzable, él pensó que era imposible para Dios. Ya que su amada esposa Saraí, era estéril.

No puedes pensar que ya es tarde para recibir tu promesa, que tal vez ya no tienes la edad, las fuerzas, las ganas o la fe para recibirla. Quiero que sepas que todavía existe en ti el pacto, todavía está vigente por medio de Cristo, no te rindas sigue creyendo, porque su Palabra permanece para siempre. ¡Porque Escrito Está...!

35 El cielo y la tierra desaparecerán, pero mis palabras no desaparecerán jamás. (Mateo 24:35 NTV)

Quiero compartirles unos testimonios poderosos que ocurrieron en Puerto Rico y en Houston, donde hoy pastoreamos la Iglesia Fruto de la Vid.   En nuestra iglesia madre en Puerto Rico, el Centro Cristiano Fruto de la Vid, en el pueblo de Gurabo, liderada por los Apóstoles Juan Luis y Angélica Calveti, quienes pastorean esa hermosa y activa congregación, han ocurrido muchos milagros, para la Gloria de Dios. Mujeres a quienes la ciencia dijo que no podían tener hijos, ya sea por genética o por cualquier situación o condición, han quedado embarazadas y hoy disfrutan de la herencia de Jehová en sus manos. ¡Porque Escrito Está...!

3 He aquí, herencia de Jehová son los hijos; Cosa de estima el fruto del vientre. (Salmo 127:3)

Una de ellas es Michelle y su esposo Julián, quienes tienen dos hermosos varones, Julián Enoc y Michael Julián. También están Linda y su esposo Amílcar, quienes hoy disfrutan de un varón llamado Isaac (profeta) y una hermosa princesa llamada Emunah (adoradora), la cual fue engendrada en Israel, ¡alaba!... y no solo eso, hoy ellos son los pastores de la Iglesia Fruto de la Vid, en Caracas, Venezuela. ¡Gracias Señor!

El pastor y amigo Yamil Ledesma y su amada esposa Jessica, quienes no podían tener hijos y una vez en nuestra Iglesia madre se les oró por un milagro, y hoy día tienen dos hermosos varones. ¡Gloria al que vive!

Aquí en Houston, en una cena de agradecimiento en nuestra iglesia cuando comenzamos la obra en nuestro apartamento estaba una pareja a la cual le habían dicho que no podían tener hijos, Dios usó a nuestra Apóstol Angélica, ella oró por su vientre y hoy día Elena y Héctor Chacón, disfrutan de una hermosa hija llamada Abigail. Ese es el Dios al que servimos. Un Dios de promesa y de pactos. Pero todavía hay más y grandes testimonios por escribir, ¡Gloria a Dios!

En la Biblia vemos cómo Dios lo hizo con Ana, quien siendo estéril trajo al mundo al profeta Samuel. ¡Porque Escrito Está... !

⁵ Sin embargo, a Ana, aunque la amaba, solamente le daba una porción selecta porque el SEÑOR no le había dado hijos… (Lucas 1:5 NTV)

²⁰ y a su debido tiempo dio a luz un hijo a quien le puso por nombre Samuel, porque dijo: «Se lo pedí al SEÑOR».
(1 Samuel 1:20 NTV)

Y lo hizo con Elizabet que era estéril y trajo al mundo al profeta Juan el Bautista. ¡Porque Escrito Está...!

³⁶ Y he aquí tu parienta Elizabet, ella también ha concebido hijo en su vejez; y este es el sexto mes para ella, la que llamaban estéril; ³⁷ porque nada hay imposible para Dios.
(Lucas 1:36-37)

Pues revístete de fe, cree y verás que bajo su voluntad única y perfecta Él lo puede hacer contigo también, solo clama y espera en Él. ¡Porque Escrito Está…!

³ Clama a mí, y yo te responderé, y te enseñaré cosas grandes y ocultas que tú no conoces. (Jeremías 33:3)

¹ Pacientemente esperé a Jehová, Y se inclinó a mí, y oyó mi clamor. (Salmo 40:1)

A Abram le pareció imposible y tal vez pensó, Dios me creó como hombre, pero se le olvidó que alguien tan viejo es incapaz de tener hijos, cómo puede ser que tengamos un hijo, Él dice que me dará un hijo; pero ¿cómo será posible? Lo que Abraham no sabía es que para el que cree todo es posible. Que para Dios nada es imposible. ¡Porque Escrito Está…!

²³ Jesús le dijo: Si puedes creer, al que cree todo le es posible. (Marcos 9:23)

²⁶ Jesús los miró y les dijo: Humanamente hablando es imposible, pero para Dios todo es posible. (Mateo 19:26 NTV)

Tal vez ha llegado a tu vida este tipo de pensamientos, ya que como creación de Dios pudieron llegar a tu mente, pero como hijos comprados a precio de sangre por medio de Jesús el cumplimiento del pacto en ti y los tuyos se cumplirá.

¡Ya que la creación no recibe herencia, pero los que somos hijos Sí! ¡Porque Escrito Está...!

> ³ *He aquí, herencia de Jehová son los hijos...*
> *(Salmo 127:3)*

Cuando Abram escuchó la promesa lo primero que hizo fue postrarse y reírse. Pensó, es imposible que esto pueda ocurrirme, no le dio seriedad a la promesa de Dios. Dios vio la risa de Abraham y su actitud, porque Dios le conocía, pero a pesar de eso no cambió sus planes con ellos.

Ni los pensamientos nuestros, ni nuestras actitudes, ni nuestras decisiones, van a influenciar o interferir en lo más mínimo en los planes de Dios; Él no va a cambiar su pacto con nosotros, no lo modificará ni lo alterará por nuestra conducta. ¡Porque Escrito Está...!

> ²¹ *pero mi pacto se confirmará con Isaac, quien nacerá de ti y de Sara dentro de un año.* ²² *Cuando Dios terminó de hablar, dejó a Abraham. (Génesis 17:21-22 NTV)*

Por tal razón, aunque tomemos actitudes que no van acorde con el pacto de Dios con nosotros, Él no va a mirar nuestro presente, sino el propósito terminado y el cumplimiento del destino profético. Él, no nos rechaza por esa actitud o por esos pensamientos. ¡Porque Escrito Está...!

[17] ...tú no rechazarás un corazón arrepentido y quebrantado, oh Dios. (Salmo 51:17 NTV)

Dios no rechazó a Abram, ni lo juzgó, sino que reconfirmó que su hijo nacería al proclamarlo. ¡Porque Escrito Está...!

[9] Y le dijeron: ¿Dónde está Sara tu mujer? Y él respondió: Aquí en la tienda. [10] Entonces dijo: De cierto volveré a ti; y según el tiempo de la vida, he aquí que Sara tu mujer tendrá un hijo. Y Sara escuchaba a la puerta de la tienda, que estaba detrás de él.[11] Y Abraham y Sara eran viejos, de edad avanzada; y a Sara le había cesado ya la costumbre de las mujeres.[12] Se rió, pues, Sara entre sí, diciendo: ¿Después que he envejecido tendré deleite, siendo también mi señor ya viejo? [13] Entonces Jehová dijo a Abraham: ¿Por qué se ha reído Sara diciendo: ¿Será cierto que he de dar a luz siendo ya vieja?[14] ¿Hay para Dios alguna cosa difícil? Al tiempo señalado volveré a ti, y según el tiempo de la vida, Sara tendrá un hijo.[15] Entonces Sara negó, diciendo: No me reí; porque tuvo miedo. Y él dijo: No es así, sino que te has reído. (Génesis 18:9-15)

Dios nos ha revelado las cosas por medio de su Palabra, la cual no vino del hombre, sino que fue inspirada por medio de Él. ¡Porque Escrito Está...!

[16] Toda la Escritura es inspirada por Dios y es útil para enseñarnos lo que es verdad y para hacernos ver lo que está mal en nuestra vida. Nos corrige cuando estamos equivocados y nos enseña a hacer lo correcto.
(2 Timoteo 3:16 NTV)

Abram, ya con la promesa desatada sobre él y sobre Saraí, entraron en un tipo de desesperación inconsciente, ya que habían pasado varios años desde que recibieron la promesa de su heredero. Entonces, a Saraí se le ocurrió ayudar a Dios y planificó entregarle su sirvienta a su amado esposo, para que por medio de ella dicha promesa ocurriese. ¡Porque Escrito Está...!

> [1] *Ahora bien, Saraí, la esposa de Abram no había podido darle hijos; pero tenía una sierva egipcia llamada Agar.*
> [2] *Entonces Saraí le dijo a Abram: «El Señor no me ha permitido tener hijos. Ve y acuéstate con mi sierva; quizá yo pueda tener hijos por medio de ella». Y Abram aceptó la propuesta de Saraí.* [3] *Entonces Saraí, la esposa de Abram, tomó a Agar, la sierva egipcia, y la entregó a Abram como mujer. (Esto ocurrió diez años después de que Abram se estableció en la tierra de Canaán). (Génesis 16:1-3 NTV)*

Esto a lo mejor te podría sonar familiar, ya que a raíz de no esperar el tiempo del cumplimiento de su pacto o promesa tratamos de ayudar a nuestro Dios. Y este tipo de decisión lo que nos trae son malas consecuencias, las cuales no queremos enfrentar y dirigimos nuestra responsabilidad a otros. ¿Por qué comento esto? Porque en momentos de desesperación hacemos como Saraí, buscamos otro medio para que se cumpla dicho pacto o promesa. Y no debe ser así, ya que Dios no necesita ayuda, necesita obediencia, porque si Él lo dijo, Él lo hará. Él no miente. ¡Porque Escrito Está...!

> [19] *Dios no es un hombre, por lo tanto, no miente. Él no es humano, por lo tanto, no cambia de parecer. ¿Acaso alguna vez habló sin actuar? ¿Alguna vez prometió sin cumplir? (Número 23:19 NTV)*

Por tal razón, debes esperar lo que Él quiere para ti, no uses ningún medio para irte por encima de su propósito y su voluntad. Él es fiel en todo. ¡Porque Escrito Está...!

> [5] *Tu amor inagotable, oh SEÑOR, es tan inmenso como los cielos; tu fidelidad sobrepasa las nubes. (Salmo 36:5 NTV)*

Saraí, al ver que ya entraba en edad y se le había ido la visita del ciclo menstrual de las mujeres, decidió entregar su sirvienta. Fue ahí donde todo tomó un giro inesperado en la espera de la promesa donde se comenzaría a cumplir el pacto con ellos.

¿Qué pasará en el próximo capítulo? No, no, no te vayas, sigue leyendo. Aunque parezca, esto no es una novela y mucho menos un chisme.

Al Abram estar con a Agar (significa: huida), esta quedó embarazada y nació un varón, al cual le pusieron por nombre Ismael (el significado de este nombre es "al que Dios oye").

Ismael no era la promesa de Abram y Saraí. De hecho, al Ismael ser hijo de una esclava esto imposibilitaba que la promesa se cumpliera, ya que el Mesías no vendría por medio de la generación de Agar. Jesús de Nazaret vendría del pacto de la generación de Saraí y Abram, ya que ellos no eran esclavos. Abram tenía ochenta y seis años cuando nació Ismael. La promesa hacia ellos se les entregó con nombre y todo. ¡Porque Escrito Está...!

19 Respondió Dios: Ciertamente Sara tu mujer te dará a luz un hijo, y llamarás su nombre Isaac; y confirmaré mi pacto con él como pacto perpetuo para sus descendientes después de él. (Génesis 17:19)

El significado del nombre de Isaac es risa y esto es a raíz de que ellos se rieron al recibir la promesa. Por tal razón, los errores cometidos consientes o inconscientemente no te separan del pacto. Todavía está vigente, ven a disfrutar de ese pacto, entrega toda la duda, la frustración, congoja, dolor, lloro, sentido de pérdida, todo vicio, todo vacío, todo espíritu de orfandad, renuncia a él en el nombre de Jesús.

Acércate al trono de su gracia confiadamente, Él no te rechaza, Él conoce tu corazón, solo debes accionar con arrepentimiento delante de Él. ¡Porque Escrito Está...!

16 Así que acerquémonos con toda confianza al trono de la gracia de nuestro Dios. Allí recibiremos su misericordia y encontraremos la gracia que nos ayudará cuando más la necesitemos. (Hebreos 4:16 NTV)

Es ahí donde viene la victoria ya que, al humillarnos, arrepentirnos y pedirle perdón, hay un quebrantamiento de espíritu donde comenzamos a gemir con gemidos indecibles. ¡Porque Escrito Está...!

26 Además, el Espíritu Santo nos ayuda en nuestra debilidad. Por ejemplo, nosotros no sabemos qué quiere Dios que le pidamos en oración, pero el Espíritu Santo ora por nosotros con gemidos que no pueden expresarse con palabras. (Romanos 8:26 NTV)

Saraí, cometió un error, pero Dios no la descalificó como portadora de su promesa, Abram, tampoco tomó una sabia decisión y Dios no lo desechó. Así que levántate y toma tu lugar, el pasado no lo puedes cambiar por más que quieras, solo es Jesús, por medio del Espíritu Santo, quien lo puede hacer.

El Pastor Yamil Ledesma, amigo nuestro, al cual bendecimos al igual que a su amada familia, dice lo siguiente: "Dios es quien restaura el pasado, organiza el presente y planifica el futuro". Y así lo creemos y declaramos al igual que él. ¡Porque Escrito Está...!

²²Echa sobre Jehová tu carga, y él te sustentará;
No dejará para siempre caído al justo.
(Salmo 55:22)

Ahora, como forma de hecho y proceso del cumplimiento de pacto ocurrió algo que marcó todo ser viviente en esta tierra y es lo siguiente, Dios lo llama por su nombre Abram y al declararle la promesa bajo el pacto que le había declarado, por medio del nacimiento de su hijo, le cambió el nombre por Abraham. A su esposa le llama Saraí y al recibir la promesa le cambió su nombre por Sara. Le dijo: Ya no será Abram, sino que te llamarás Abraham. ¡Porque Escrito Está...!

¹Cuando Abram tenía noventa y nueve años, el SEÑOR se le apareció y le dijo: «Yo soy El-Shaddai, "Dios Todopoderoso". Sírveme con fidelidad y lleva una vida intachable. ² Yo haré un pacto contigo, por medio del cual garantizo darte una descendencia incontable». ³ Al oír eso, Abram cayó rostro en tierra. Después Dios le dijo: ⁴ «Este es mi pacto contigo: ¡te haré el padre de una multitud de naciones! ⁵ Además, cambiaré tu nombre. Ya no será Abram, sino que te llamarás Abraham, porque serás el padre de muchas naciones. ⁶ Te haré sumamente fructífero. Tus descendientes llegarán a ser muchas naciones, ¡y de ellos surgirán reyes! (Génesis 17:1-6)

Ya no se llamará Saraí, sino Sara será su nombre. ¡Porque Escrito Está...!

15 Dijo también Dios a Abraham: A Saraí tu mujer no la llamarás Saraí, más Sara será su nombre. 16 Y la bendeciré, y también te daré de ella hijo; sí, la bendeciré, y vendrá a ser madre de naciones; reyes de pueblos vendrán de ella.
(Génesis 17:15-16)

¿Por qué el cambio de nombres? Cada cambio de nombre es porque nos llama por nuestros nombres actuales para cambiarlo a los nombres de nuestro destino profético.

Bajo Abram y Saraí no había hijo de promesa, pero al cambiarles sus nombres se convirtieron en el padre de la fe y ella en la madre de multitudes. ¡Porque Escrito Está...!

18 El creyó en esperanza contra esperanza, para llegar a ser padre de muchas gentes, conforme a lo que se le había dicho: Así será tu descendencia. (Romanos 4:18)

Por tal razón, Dios hoy te cambia el nombre, ya no serás aquel que mencionan como el derrotado, el afligido, el no se quien o el que se yo, ahora eres llamado propósito divino de Dios, escogido para cosas grandes, eres el bendecido, el prosperado de Jehová, el cambiador de ambientes, el que es cabeza y no cola, el que está arriba y no abajo, el que pide y se le da, el que busca y encuentra, el que toca y se le abre. Eso somos todos los que estamos bajo este pacto nacido de Abraham. ¡Porque Escrito Está...!

Todavía el pacto está vigente para con nosotros, hoy es día de arrepentimiento, día de salvación, hoy es el día de perdón, ven acércate al Padre por medio de su hijo Jesús, Él te recibe con los brazos abiertos, aunque otros te abandonen Él siempre te recibirá. ¡Porque Escrito Está...!

5 ...porque él dijo: No te desampararé, ni te dejaré; 6 de manera que podemos decir confiadamente: El Señor es mi ayudador; no temeré lo que me pueda hacer el hombre.
(Hebreos 13:5-6)

Entreguemos a Él nuestras debilidades solo así veremos cumplidas sus promesas en nosotros. ¡Porque Escrito Está...!

9 Y me ha dicho: Bástate mi gracia; porque mi poder se perfecciona en la debilidad. Por tanto, de buena gana me gloriaré más bien en mis debilidades, para que repose sobre mí el poder de Cristo. (2 Corintios 12:9)

Para ir cerrando y terminando, ¡aaaahh! (algo interno de nuestra iglesia en Houston) este capítulo, vayamos al nacimiento de la promesa en donde a su vez da comienzo el cumplimiento del pacto, el cual todavía está vigente. ¡Porque Escrito Está...!

7 Y estableceré mi pacto entre mí y ti, y tu descendencia después de ti en sus generaciones, por pacto perpetuo, para ser tu Dios, y el de tu descendencia después de ti.
(Génesis 17:7)

Esto ocurrió cuando Dios se le reveló a Abraham y le dio nuevamente la promesa de su heredero, y lo hizo con una señal del pacto, por medio de la circuncisión. ¡Porque Escrito Está...!

> *10 Este es mi pacto, que guardaréis entre mí y vosotros y tu descendencia después de ti: Será circuncidado todo varón de entre vosotros. 11 Circuncidaréis, pues, la carne de vuestro prepucio, y será por señal del pacto entre mí y vosotros.*
> *(Génesis 17:10-11)*

Ya en el cambio de nombre de Abram a Abraham y de Saraí a Sara, es que nace el hijo de la promesa llamado Isaac. Es aquí donde Dios comienza a desarrollar dicho pacto por medio de este nacimiento. ¿Por qué escribo esto? Porque una de las acciones que tenemos que tomar es circuncidar todo aquello que es tropiezo para el cumplimiento del pacto vigente en nosotros. Esto puede ser algún vicio, el carácter, el pecado, la incredulidad, la falta de fe, la falta de perdón, el perdonar, vacíos emocionales, sentido de perdida, orfandad, rechazo, amistades que no aportan a tu propósito, y muchas cosas más. Identifícalas y circuncídalas, o sea, corta con ellas.

> *11 Y recibió la circuncisión como señal, como sello de la justicia de la fe que tuvo estando aún incircunciso; para que fuese padre de todos los creyentes no circuncidados, a fin de que también a ellos la fe les sea contada por justicia; 12 y*

padre de la circuncisión, para los que no solamente son de la circuncisión, sino que también siguen las pisadas de la fe que tuvo nuestro padre Abraham antes de ser circuncidado.
(Romanos 4:11-12)

²¹ Mas yo estableceré mi pacto con Isaac, el que Sara te dará a luz por este tiempo el año que viene.
(Génesis 17:21)

Es aquí donde Dios cumple su promesa y pacto con Abraham por medio del nacimiento de su hijo Isaac. Él establece el pacto por medio de su herencia y Abraham hace banquete al circuncidar a su hijo al octavo día. El octavo día significa que ha llegado un nuevo comienzo en la generación de Abraham. ¡Porque Escrito Está...!

³ Y llamó Abraham el nombre de su hijo que le nació, que le dio a luz Sara, Isaac. ⁴ Y circuncidó Abraham a su hijo Isaac de ocho días, como Dios le había mandado.
(Génesis 21:3-4)

Dios desea que le honremos con nuestras vidas, con nuestra **O**bediencia, **C**ubriendo su **H**erencia en **O**ración (**OCHO**) nuevos comienzos. Que le adoremos y alabemos en todo tiempo.

Ahora, tienes que verlo pensando en tu vida. Imagina que acabas de recibir tu promesa, ves parte del pacto cumpliéndose en ti y los tuyos, la pregunta es: ¿qué le darías al Señor? ¿Cómo le agradecerías lo que ha hecho por todos? ¿De qué manera le honrarías? Abraham hizo banquete, ¿y tú qué harías en agradecimiento? ¡Porque Escrito Está...!

> *8 Y creció el niño, y fue destetado; e hizo Abraham gran banquete el día que fue destetado Isaac. (Génesis 21:8)*

Al ver creciendo el pacto y la promesa, ¿qué acción se debería tener para expresarle a Dios lo grandioso que se siente palpar dicho pacto en nuestras vidas? Creo que deberíamos entregarnos por completo a una relación más íntima con Él y no a una religión. Creo que cuando un hijo agradecido da honra al que honra merece, recompensa de honra recibirá. ¡Porque Escrito Está...!

> *30 Por tanto, Jehová el Dios de Israel dice: Yo había dicho que tu casa y la casa de tu padre andarían delante de mí perpetuamente; más ahora ha dicho Jehová: Nunca yo tal haga, porque yo honraré a los que me honran, y los que me desprecian serán tenidos en poco. (1 Samuel 2:30)*

Este pacto sigue vigente para nosotros y nuestra generación, es la garantía de que Dios no ha terminado con nosotros, que todavía hay procesos que pasar, desiertos que enfrentar y pruebas que vencer. Cada uno de nosotros tiene diferentes deseos y anhelos en los cuales esperamos respuestas. Pero, una de las cosas que nos debe formar la firmeza de nuestra fe es la siguiente, nunca temer ni desmayar. ¡Porque Escrito Está...!

10 No temas, porque yo estoy contigo; no desmayes, porque yo soy tu Dios que te esfuerzo; siempre te ayudaré, siempre te sustentaré con la diestra de mi justicia.

(Isaías 41:10)

Si Él dijo que desde el vientre hasta la vejez estaría con nosotros así será. Si Él dijo que nunca nos abandonaría así será. Si Él dijo, que siempre nos suplirá así será. Si Él dijo que nada ni nadie nos separará de su amor así será. ¡Porque Escrito Está...!

3 «Escúchenme, descendientes de Jacob, todos los que permanecen en Israel. Los he protegido desde que nacieron; así es, los he cuidado desde antes de nacer. 4 Yo seré su Dios durante toda su vida; hasta que tengan canas por la edad. Yo los hice y cuidaré de ustedes; yo los sostendré y los salvaré. (Isaías 46:3-4 NTV)

14 El Señor no rechazará a su pueblo, no abandonará a su posesión más preciada. (Salmo 94:14 NTV)

19 Mi Dios, pues, suplirá todo lo que os falta conforme a sus riquezas en gloria en Cristo Jesús. (Filipenses 4:19)

38 Y estoy convencido de que nada podrá jamás separarnos del amor de Dios. Ni la muerte ni la vida, ni ángeles ni demonios, ni nuestros temores de hoy ni nuestras preocupaciones de mañana. Ni siquiera los poderes del infierno pueden separarnos del amor de Dios. 39 Ningún

poder en las alturas ni en las profundidades, de hecho, nada en toda la creación podrá jamás separarnos del amor de Dios, que está revelado en Cristo Jesús nuestro Señor.
(Romanos 8:38-39 NTV)

Así son las grandezas de nuestro amado Dios. De hecho, Él también nos puede pasar por procesos de prueba, claro que sí; su soberanía es sobrenatural, claro que sí; y su plan es perfecto, por supuesto. Toda prueba, proceso o desierto nos hace madurar y de esa forma mantenernos ligados a Él. Porque nuestra fe siempre es probada. ¡Porque Escrito Está...!

7 Estas pruebas demostrarán que su fe es auténtica. Está siendo probada de la misma manera que el fuego prueba y purifica el oro, aunque la fe de ustedes es mucho más preciosa que el mismo oro. Entonces su fe, al permanecer firme en tantas pruebas, les traerá mucha alabanza, gloria y honra en el día que Jesucristo sea revelado a todo el mundo.
(1 Pedro 1:7 NTV)

Qué tal si la prueba de nuestra fe fuese esta: luego que Dios nos brinda la promesa, por medio de su pacto, no las pide devuelta. Que nos diga, quiero que me entregues lo que por tanto tiempo estuviste esperando, tu milagro. ¿Qué harías si quien te entregó la promesa cumplida te la pide?

Pues esto ocurrió en la vida de Abraham, luego de tener a Isaac con él en todo tiempo, verlo reír, crecer, correr con él, verlo dormir, acariciarlo a diario, consolarlo en momentos de dolor, abrazarlo cuando se sentía con miedo, escucharlo cada mañana llamarlo papá, Dios le pide que lo entregue. ¡Porque Escrito Está...!

¹ Tiempo después, Dios probó la fe de Abraham. ¡Abraham! lo llamó Dios. Sí, respondió él, aquí estoy. ² Toma a tu hijo, tu único hijo sí, a Isaac, a quien tanto amas y vete a la tierra de Moriah. Allí lo sacrificarás como ofrenda quemada sobre uno de los montes, uno que yo te mostraré.
(Génesis 22:1-2 NTV)

Cuando Dios te pide el pacto, entrégale el prometido, lo que amas, no traigas lo que no es. Cuando prometes a Dios algo, no lo traigas chueco, cojo, con mancha, tuerto, no traigas lo que no sirve, trae lo primero que Él te prometió como pacto o promesa. No ofrezcas fuego extraño, que sea incienso agradable para que no seamos cortados por Él. ¡Porque Escrito Está...!

¹ Nadab y Abiú, hijos de Aarón, pusieron carbones encendidos en sus incensarios y encima esparcieron incienso. De esta manera, desobedecieron al SEÑOR al quemar ante él un fuego equivocado, diferente al que él había ordenado. ² Como consecuencia, un fuego ardiente salió de la presencia del SEÑOR y los consumió por completo, y murieron ahí ante el SEÑOR. (Levítico 10:1-2 NTV)

A lo mejor ahora mismo te podrás estar preguntando, ¿por qué Dios hace eso? ¿Por qué después de tanto proceso para tenerlo, ahora se lo pide?

Quizá si Dios te pidiera algo así pensarías de la siguiente manera: "no creo necesario que pruebes así mi fe Señor, sabes que me costó lágrimas". Ya sea las peticiones que hiciste por tus hijos para que Dios los cuidara y regresaran sanos a casa, las que hiciste por tu esposo o esposa para que cambiara, las peticiones que hiciste por la restauración de tu hogar o un sin números de oraciones que hiciste envuelto en llanto. No sé cómo fueron esos días ni esas noches. Pero Dios te dice, ¡entrégamelo!

Abraham es conocido como el padre de la fe, a raíz de todos los procesos vividos su fe fue más que probada por Dios. Te explico, cuando Dios le pidió a Abraham su hijo, lo hizo luego del cambio de nombre de Abram a Abraham, de Saraí a Sara.

¿Y por qué de esa forma?, porque si se lo hubiera pedido cuando aún sus vidas no estaban adheridas al Dios que profesaban conocer, nunca se hubieran movidos de Harán y llegado a la tierra prometida. Si Dios se lo hubiera pedido allí, ellos podían hasta abortar su destino profético. Salieron de Hur de los caldeos y estuvieron en la tierra de Harán y en esa tierra Dios no le hizo la promesa y mucho menos embarazar a Sara.

Fue cuando llegaron a Canaán donde Dios le prometió heredero e hizo el pacto con ellos. Aquí en Canaán fue el cambio de nombre, de Abram que significa padre exaltado, se lo cambió por Abraham que significa padre de una multitud. De Saraí que significa libre se lo cambió por Sara que significa princesa. El Señor cambió nombres y prometió nacimiento de promesa y un pacto llamado Isaac que significa risa.

Así mismo Dios nos quiere enseñar, Él no te puede dar la promesa si todavía tu mente está en la tierra de Harán. ¿Qué es esa tierra? El significado de ella es "carretera o calle". Dios nos quiere sacar de la mentalidad de la calle para que podamos entender cuál es su propósito. El pacto no lo hace en Harán, sino en Canaán que significa terreno.

Por tal razón, al tener todavía la raíz mental de Harán (la calle), Saraí le entregó su sirvienta, y el resultado de eso fue el nacimiento de Ismael (Dios oye). Entendamos lo siguiente, no puede ser con mentalidad de calle (Harán), sino con mentalidad de terreno (Canaán) donde se cumple la promesa y vigencia del pacto. No es hasta que pasemos de Harán a Canaán, o sea de la calle al terreno, donde debemos entregar con seguridad la promesa o el pacto prometido. Vamos, confía y entra a tu terreno (Canaán) para que te pidan tu Isaac.

Ni la promesa ni el pacto son nuestras, solo somos los instrumentos que Él desea usar para cumplir su propósito y destino profético. Porque Dios todo lo creó por medio de Él y para Él. ¡Porque Escrito Está...!

16 Porque en él fueron creadas todas las cosas, las que hay en los cielos y las que hay en la tierra, visibles e invisibles; sean tronos, sean dominios, sean principados, sean potestades; todo fue creado por medio de él y para él.
(Colosenses 1:16)

Abraham acudió a esa cita divina para entregar a Isaac, fue en obediencia al Dios del terreno (Canaán) tierra prometida. Y Abraham se levantó muy de mañana. Por eso, cuando vayas a entregar tu Isaac, ve temprano ante su presencia. ¡Porque Escrito Está...!

17 Yo amo a los que me aman, Y me hallan los que temprano me buscan. (Proverbios 8:17)

Abraham, fue preparado para entregar su promesa y, por ende, su pacto, el cual fue prometido por Dios. Él, preparó su asno, tomó dos siervos, a Isaac su hijo, leña para el holocausto y fue al lugar que Dios le dijo. ¡Porque Escrito Está...!

> ³ *A la mañana siguiente, Abraham se levantó temprano. Ensilló su burro y llevó con él a dos de sus siervos, junto con su hijo Isaac. Después cortó leña para el fuego de la ofrenda y salió hacia el lugar que Dios le había indicado.*
> *(Génesis 22:3 NTV)*

Abraham salió con la seguridad de que lo tenía que hacer. Dentro de su obediencia nunca le preguntó y tampoco intercedió como lo hizo por Sodoma y Gomorra, donde estaba su sobrino Lot; él escucho y actuó. ¡Porque Escrito Está...!

> ²³ *Y se acercó Abraham y dijo: ¿Destruirás también al justo con el impío? (Génesis 18:23)*

Por tal razón, cuando Él te pida lo que le pertenece, no le discutas, no le preguntes y menos le cuestiones, solo obedécele. Porque a Dios no se le entiende, a Dios se le obedece, ¡porque en la obediencia hay bendición! Y además, Dios sabe cuándo y dónde nos llevará para que entreguemos la promesa.

Luego de caminar por <u>tres días</u>, Abraham vio desde lejos el lugar donde Dios le dijo que llevara a Isaac, o sea la promesa. Abraham les dijo a sus siervos, "esperen aquí, mientras yo voy junto al muchacho y juntos adoraremos y volveremos a vosotros". Abraham declaró que volverían juntos, así era su fe, y la plena convicción de la fe misma. ¡Porque Escrito Está…!

> *⁴ Al tercer día de viaje, Abraham levantó la vista y vio el lugar a la distancia. ⁵ «Quédense aquí con el burro dijo Abraham a los siervos. El muchacho y yo seguiremos un poco más adelante. Allí adoraremos y volveremos enseguida». (Génesis 22:4-5 NTV)*

Observen que él caminó tres días, el Arca era de tres pisos, Noé tuvo tres hijos y Abraham para llegar al lugar del sacrificio tardó tres días ¡ummm! Allí Abraham preparó todo para el sacrificio y en ese mismo lugar Jehová Dios le dijo que no le quitara la vida a Isaac, o sea a su promesa, y le entregó un cordero para el sacrificio. En ese momento Abraham conoció a Jehová Jireh y lo proclamó en la tierra de Moriah (Jehová provee). ¡Porque Escrito Está…!

> *⁹ Cuando llegaron al lugar indicado por Dios, Abraham construyó un altar y colocó la leña encima. Luego ató a su hijo Isaac, y lo puso sobre el altar, encima de la leña. ¹⁰ Y Abraham tomó el cuchillo para matar a su hijo en sacrificio. ¹¹ En ese momento, el ángel del SEÑOR lo llamó desde el cielo: ¡Abraham! ¡Abraham! Sí respondió Abraham, ¡aquí estoy! ¹² ¡No pongas tu mano sobre el muchacho! dijo el ángel. No le hagas ningún daño, porque ahora sé que de verdad temes a Dios. No me has negado ni siquiera a tu hijo, tu único hijo. ¹³ Entonces Abraham levantó los ojos y vio un carnero que estaba enredado por los cuernos en un matorral. Así que tomó el carnero y lo sacrificó como*

ofrenda quemada en lugar de su hijo. ¹⁴ Abraham llamó a aquel lugar Yahveh-jireh (que significa «el Señor proveerá»). Hasta el día de hoy, la gente todavía usa ese nombre como proverbio: «En el monte del Señor será provisto". (Génesis 22:9-14 NTV)

Estudiando estos hechos, descubrí lo siguiente:

No estamos seguros donde se encuentra "la tierra de Moriah." Es aquí donde se vuelve a mencionar Moriah en la Biblia, Salomón está construyendo el templo en el Monte de Moriah en Jerusalén. ¡Porque Escrito Está...!

¹Comenzó Salomón a edificar la casa de Jehová en Jerusalén, en el monte Moriah, que había sido mostrado a David su padre, en el lugar que David había preparado en la era de Ornán jebuseo. (2 Crónicas 3:1)

Entonces puede ser que la tierra de Moriah más adelante sea el monte del templo de Jerusalén. Algunos judíos creen que el altar de sacrificio de holocausto en el Templo en Jerusalén se situaba en exactamente el mismo lugar del altar donde Abraham se disponía a sacrificar Isaac. Aunque esto no se sabe con seguridad, sí concuerda con la cantidad de tiempo, tres días, que Abraham viaja para llegar a Moriah desde Beer-seba. También concuerda con la próxima parte de este versículo donde Dios le dice a Abraham que ha de sacrificar a

Isaac "sobre uno de los montes que yo te diré". (Menciono esto simplemente como un comentario histórico).

De esa misma forma, Dios desea que actuemos. Al ser soberano, Él puede hacer de algo que parezca inhumano cosas maravillosas, aunque nos parezca ilógico, aunque nos parezca trágico. Él se glorificará, porque Él sigue siendo Dios.

Este relato viene a raíz de las promesas y pactos vigentes que Dios tiene con nosotros. Cuando Abraham iba de camino a hacer el sacrificio de la promesa y el pacto, su hijo le dijo: "tenemos el fuego y la leña, ¿pero el cordero dónde está?" Abraham le contestó: "Jehová proveerá!"
¡Porque Escrito Está...!

> [7]*Entonces habló Isaac a Abraham su padre, y dijo: Padre mío. Y él respondió: Heme aquí, mi hijo. Y él dijo: He aquí el fuego y la leña; mas ¿dónde está el cordero para el holocausto?* [8]*Y respondió Abraham: Dios se proveerá de cordero para el holocausto, hijo mío. E iban juntos.*
> *(Génesis 22:7-8)*

Esa es la actitud ante el pedido de Dios, vayamos preparados para dicho sacrificio, llevemos la leña (nuestra oración), llevemos el fuego (Espíritu Santo), y si nuestra promesa o pacto es el cordero, entreguémoslo que, si Dios permite que actuemos,

Él, lo resucitará de nuevo. Dios probó la fe de Abraham pidiéndole la promesa, porque de esa manera Él vería si Abraham estaba más pendiente a la promesa que al Señor de las promesas.

Quiero hacer una aclaración, esto no quiere decir que ahora vamos a salir corriendo a hacer sacrificios como se hacían antes. <u>Dios ya no lo permite</u>, <u>ni es necesario hacerlo porque ya Cristo lo hizo, Él fue el cordero inmolado que murió en la cruz por todos, Él fue el verdadero sacrificio.</u>

Por tal razón, mi deseo en la lectura de este capítulo es la siguiente, cuando Dios te pida tu Isaac, o sea tu promesa y/o tu pacto, ve a entregarlo espiritualmente, no físico, sino en oración, ayuno, intercesión y clamor al Altísimo. Oro, para que la revelación dada a este su servidor sea revelada a usted también en el nombre de Jesús. ¡AMÉN!

Abraham, tomó a Isaac, lo puso sobre el altar de sacrificio, lo amarró junto a la leña, y cuando iba hacer lo que Dios le pidió, Dios le llamó dos veces: "Abraham, Abraham, no lo hagas. Ya veo que temes a Jehová" y Dios le proveyó un carnero para dicho sacrificio. ¡Porque Escrito Está...!

11 Entonces el ángel de Jehová le dio voces desde el cielo, y dijo: Abraham, Abraham. Y él respondió: Heme aquí. 12 Y dijo: No extiendas tu mano sobre el muchacho, ni le hagas

nada; porque ya conozco que temes a Dios, por cuanto no me rehusaste tu hijo, tu único. 13 Entonces alzó Abraham sus ojos y miró, y he aquí a sus espaldas un carnero trabado en un zarzal por sus cuernos; y fue Abraham y tomó el carnero, y lo ofreció en holocausto en lugar de su hijo.
(Génesis 22:11-13)

Gracias a esta prueba de fe a Abraham, el pacto está vigente todavía y Dios quiere que no solo creamos en las promesas que nos hizo, sino que le creamos a Él, que es el Dios de las promesas. Y por eso hoy somos bendecidos en abundancia. ¡El pacto está vigente todavía!

Hubo unos personajes en la Biblia, que se encuentran exactamente en el libro de Génesis, desde los capítulos 23 al 50 a los cuales no menciono, no porque no sean importantes, sino que dirigido por el Espíritu Santo escribí bajo la línea del tema del libro que usted está dando lectura. Solo mencionaré sus nombres y un pequeño resumen de ellos para que lo tomemos como base, que cada uno fue utilizado por Dios para mantener vigente el pacto con nosotros hasta hoy.

Abraham le buscó esposa a su hijo Isaac, pero él quería que fuese o viniera de su parentela, e hizo jurar a un sirviente suyo que se encargaría de ir a la tierra de donde Abraham era para buscarle esposa a su hijo. Así lo hizo su sirviente, quien demandó una señal a Dios para saber quién sería la esposa de Isaac. ¡Porque Escrito Está...!

En libro de Génesis capítulo 24... y se encuentra frente a una fuente con Rebeca, la cual era hija de un hermano de Abraham llamado Betuel. Isaac se casó cuando tenía cuarenta años con Rebeca, ella era estéril y Jehová escuchó la oración que Isaac hizo por su esposa y tuvieron gemelos, uno llamado Esaú, quien fue el primogénito, y el otro llamado Jacob. Isaac tenía sesenta años cuando nacieron sus hijos. Pero Dios ya había declarado que el mayor le iba a servir al menor desde antes de nacer.

Jacob, hijo menor de Isaac, recibió por medio de engaño la bendición de su padre, aunque ya Jehová así lo había declarado desde el vientre de su madre. Y salió de la casa de sus padres y Jehová fue a su encuentro en Bet-el, donde por medio de un sueño vio subiendo y bajando ángeles desde el cielo por medio de una escalera. Ahí, Jehová Dios le recalcó el pacto de su padre Isaac y de su abuelo Abraham de que la tierra donde él se acostó sería suya. Esa era la tierra que Jehová Dios le prometió a Abraham y a Isaac.

Jacob trabajó con su tío durante siete años por el amor de Raquel, hija menor de Labán, pero este lo engañó y le entregó a su hija mayor llamada Lea.

Jacob reclamó y Labán le dijo que así no se hacía, según sus costumbres, pero si trabajaba siete años más él le entregaba a Raquel. Así lo hizo porque amaba a Raquel más que a Lea.

Luego Jacob, según el Libro de Génesis capítulo 32, tuvo un encuentro con un ángel con el cual peleó. Al ver que Jacob estaba ganado le tocó el encaje de su muslo y se lo descoyuntó, su cojera fue la señal de victoria, pero ahí le cambió el nombre de Jacob a Israel, y le bendijo en abundancia.

Los descendientes de Jacob fueron 12 en total y estos son conocidos como las doce tribus de Israel. Jacob tuvo seis hijos con Lea, los cuales fueron; Rubén, Simeón, Levi, Judá, Isacar y Zabulón, tuvo dos hijos con Raquel, José y Benjamín, tuvo dos hijos con Bilha sierva de Raquel, Dan y Neftalí, y tuvo dos hijos con Zilpa sierva de Lea, Gad y Aser. Y de la tribu de Judá fue que nació nuestro Salvador Jesucristo. ¡Gloria a Dios!

El próximo resumen que haré es el de José, hijo menor de Jacob por medio de su esposa Raquel. José fue el preferido de Jacob, ya que fue el primogénito que nació con la mujer que él amaba. Los hermanos de José le tenían envidia y celos. Al José contarles un sueño que tuvo, se enojaron con él. Luego tuvo otro sueño y se lo contó a sus padres y como familia no le creyeron dichos sueños.

A causa de esos sueños, los hermanos se enojaron y lo vendieron como esclavo, y lo pusieron a servir en la casa de Potifar, oficial de Faraón. La esposa de Potifar quería que José se acostara con ella, pero él no lo hizo y huyo. Ella lo acusó con su esposo y lo metieron preso, sin embargo, fue un servidor y líder en dicha cárcel. Luego de todo ese proceso, estando en la cárcel, Jehová Dios le dio la revelación de unos sueños que un copero y un panadero tuvieron en la cárcel y les dijo qué significaban cada uno de ellos. Potifar recibió esta información y mandó a llamar a José para que le dijera la revelación de un sueño que había tenido.

Jehová Dios le dio la revelación a José y a causa de la interpretación del sueño de Potifar, José llegó a ser el segundo al mando en todo el gobierno de Egipto. Estos personajes fueron y son, importantes en nuestra vida, ya que Jehová Dios les escogió para continuar con el pacto que hizo con Noé, Abraham, Isaac, Jacob e Israel. ¡Porque Escrito Está...!

[32] *"Yo soy el Dios de Abraham, el Dios de Isaac y el Dios de Jacob". Por lo tanto, él es Dios de los que están vivos, no de los muertos. (Mateo 22:32 NTV)*

Ahora les invito a que no se pierdan la lectura del próximo capítulo, ya que ahí se exponen los procesos que tuvo que pasar Moisés, quien cargó con la encomienda de no solo mantener el pacto vigente, sino de llevarnos a entender que hemos sido libres de toda esclavitud de Egipto. Ya no somos codependientes de ese lugar, sino dependientes de Aquel que nos hizo libres por su sangre en la cruz del Calvario. ¡Jesús!

¡Porque Escrito Está...!

[1] *Estad, pues, firmes en la libertad con que Cristo nos hizo libres, y no estéis otra vez sujetos al yugo de esclavitud.*
(Gálatas 5:1)

Capítulo 5

Libres de los desiertos

E n este capítulo estaremos hablando de las diferentes situaciones y procesos que vivió el pueblo de Israel en su esclavitud por 430 años en Egipto. Y de la manera que Jehová Dios les libertó haciéndolos pasar por el desierto y así llegar a la tierra prometida. Y esto fue así, porque Jehová Dios le dio la profecía a Abraham, antes de que ocurriese y lo viviera el pueblo de Israel. ¡Porque Escrito Está...!

13 *Entonces Jehová dijo a Abram: Ten por cierto que tu descendencia morará en tierra ajena, y será esclava allí, y será oprimida cuatrocientos años.* 14 *Mas también a la nación a la cual servirán, juzgaré yo; y después de esto saldrán con gran riqueza. (Génesis 15:13-14)*

Cuando Abraham recibió dicha profecía, fue luego de recibir la promesa de que de él saldría un pueblo grande, por medio de su descendencia y que no iba poder contarla. ¡Porque Escrito Está...!

⁴ Luego vino a él palabra de Jehová, diciendo: No te heredará éste, sino un hijo tuyo será el que te heredará. ⁵ Y lo llevó fuera, y le dijo: Mira ahora los cielos, y cuenta las estrellas, si las puedes contar. Y le dijo: Así será tu descendencia. ⁶ Y creyó a Jehová, y le fue contado por justicia. (Génesis 15:4-6)

Todo esto estaba ocurriendo proféticamente para Abraham, ya que todavía no había nacido Moisés, quien sería el escogido para ser el libertador del pueblo de Israel.

Amado lector quiero qu entiendas que el pacto que nuestro Creador profetizó, declaró y decretó sobre Abraham hace años atrás todavía está vigente hoy para ti y todos los tuyos. Solo cree y te será contado por justicia. ¡Porque Escrito Está...!

⁶ Y creyó a Jehová, y le fue contado por justicia. (Génesis 15:6)

Luego de que entrara el pueblo de Israel a Egipto, con toda la descendencia de Jacob, lo hicieron siendo pudientes y fuertes en números, ya que Jacob tuvo 70 descendientes en Egipto. ¡Porque Escrito Está...!

5 En total, Jacob tuvo setenta descendientes en Egipto, incluido José, quien ya se encontraba allí. (Éxodo 1:5 NTV)

Al pasar de los tiempos murieron José y sus hermanos y toda esa generación llegó a su fin. Pero el pueblo de Israel se multiplicó de tal manera que llenaron todo ese territorio. ¡Porque Escrito Está...!

6 Con el tiempo, José y sus hermanos murieron y toda esa generación llegó a su fin. 7 Pero sus descendientes los israelitas tuvieron muchos hijos y nietos. De hecho, se multiplicaron tanto que llegaron a ser sumamente poderosos y llenaron todo el territorio. (Éxodo 1:6-7 NTV)

Por tal razón, el mero hecho de que la generación de tus padres allá pasado, no quiere decir que tú y los tuyos son descalificados para que posean y reciban sus promesas. Dice la Palabra, que después que la generación de José y sus hermanos llegó a su fin, los hijos de Israel se multiplicaron en números con los nacimientos de sus hijos y nietos. O sea, para tu generación y la mía, todavía están vigentes sus promesas, ¡pídelas HOY! ¡Porque Escrito Está...!

8 Tan solo pídelo, y te daré como herencia las naciones, toda la tierra como posesión tuya. (Salmo 2:8 NTV)

A raíz de lo fructífero que fueron los descendientes de Israel y de cómo se multiplicó dicho pueblo en el territorio de Egipto, los cuales llenaron la tierra, fueron reconocidos como un pueblo fuerte en extremo y provocaron gran preocupación al próximo rey de Egipto. ¡Porque Escrito Está...!

⁹ El rey le dijo a su pueblo: «Miren, el pueblo de Israel ahora es más numeroso y más fuerte que nosotros. ¹⁰ Tenemos que idear un plan para evitar que los israelitas sigan multiplicándose. Si no hacemos nada, y estalla una guerra, se aliarán con nuestros enemigos, pelearán contra nosotros, y luego se escaparán del reino». (Éxodo 1:9-10 NTV)

Así somos los hijos del Altísimo, fuertes en el espíritu, somos guerreros del ejército de nuestro Padre, conocido también como Jehová de los ejércitos. ¡Porque Escrito Está...!

⁶ Así dice Jehová Rey de Israel, y su Redentor, Jehová de los ejércitos: Yo soy el primero, y yo soy el postrero, y fuera de mí no hay Dios. (Isaías 44:6)

Vamos, aun en cualquier desierto en el que te puedas encontrar o si estás a punto de entrar a uno, sigue peleando la batalla, eres más fuerte que tu desierto, eres más fuerte que tu enemigo, ya que tú y Jehová Dios son la mayoría y más fuerte es el que está en ti, que el que está afuera. ¡Porque Escrito Está...!

⁴ Pero ustedes, mis queridos hijos, pertenecen a Dios. Ya lograron la victoria sobre esas personas, porque el Espíritu que vive en ustedes es más poderoso que el espíritu que vive en el mundo. (1 Juan 4:4 NTV)

A raíz de reconocer que era un pueblo fuerte y grande idearon la manera de cómo presionarlos y hacerlos esclavos del reinado de dicho rey. Pero esto ocurrió porque nuestro Jehová Dios ya había destinado dicha esclavitud para Él glorificarse en la manera y forma de libertar a su pueblo, ya que Él, tiene todo bajo su control y destino profético. ¡Porque Escrito Está...!

11 Porque yo sé los pensamientos que tengo acerca de vosotros, dice Jehová, pensamientos de paz, y no de mal, para daros el fin que esperáis. (Jeremías 29:11)

Estamos escudriñando un poco el capítulo 1 del libro de Éxodo, en el cual se nos van a hacer reveladas muchas cosas y las mismas nos van a enriquecer muchísimo para poder seguir identificando áreas en nosotros y en nuestras vidas que tal vez están aún esclavas en "Egipto" o que todavía no han salido de uno o varios desiertos.

Por medio de la lectura de la Palabra del Señor, y al escudriñar la misma, nos vamos a enriquecer en gran manera, y esto solo se obtiene si la escudriñamos. ¡Porque Escrito Está...!

39 Escudriñad las Escrituras; porque a vosotros os parece que en ellas tenéis la vida eterna; y ellas son las que dan testimonio de mí; (Juan 5:39)

107

Según la escritura, el pueblo de Israel fue presionado de tal manera que le colocaron capataces muy rudos, le impusieron rigurosas tareas a realizar, pero mientras lo oprimían, más se multiplicaban. Pues déjame informarte que, como hijos del Altísimo, a medida que experimentemos presión, más nos multiplicamos. Porque cada proceso de opresión no es para muerte, sino para que te multipliques. ¡Porque Escrito Está...!

12 Pero cuanto más los oprimían, tanto más se multiplicaban y crecían, de manera que los egipcios temían a los hijos de Israel. (Éxodo 1:12)

Cuando una puerta se cierra, otra se abre. Perdiste tu trabajo, reinvéntate; no tienes finanzas, haz producir las riquezas que poseen tus manos y comienza a crear nuevas fuentes de ingreso; que ya no tienes fuerza para seguir luchando, dile a lo débil fuerte soy en el espíritu. ¡Porque Escrito Está...!

8 »Yo sé todo lo que haces y te he abierto una puerta que nadie puede cerrar. Tienes poca fuerza; sin embargo, has obedecido mi palabra y no negaste mi nombre. (Apocalipsis 3:8 NTV)

18 Sino acuérdate de Jehová tu Dios, porque él te da el poder para hacer las riquezas, a fin de confirmar su pacto que juró a tus padres, como en este día. (Deuteronomio 8:18)

De eso se trata, levántate, no te rindas por dicha opresión, eres más que vencedor, sumérgete en su presencia, usa la palabra como esa fuente inspiracional, porque mientras más grande veas tu opresión, más pequeño haces a tu hacedor, Jehová de los ejércitos. ¡Porque Escrito Está...!

37 Claro que no, a pesar de todas estas cosas, nuestra victoria es absoluta por medio de Cristo, quien nos amó.
(Romanos 8:37 NTV)

6 Venid, adoremos y postrémonos; Arrodillémonos delante de Jehová nuestro Hacedor. (Salmo 95:6)

Aunque busquen refuerzos para ir en contra tuya, aun queriendo disfrazarse como la ayuda que necesitas, buscando matar tu retoño, tu sueños, tu propósito, tu destino profético, Jehová Dios te hace parir antes que esa supuesta ayuda llegue. Solo resiste, puja tu milagro, gime ante Él, solo tú y Él verán la promesa antes que los demás lleguen. ¡Porque Escrito Está...!

16 Cuando asistáis a las hebreas en sus partos, y veáis el sexo, si es hijo, matadlo; y si es hija, entonces viva.
(Éxodo 1:16)

19 Y las parteras respondieron a Faraón: Porque las mujeres hebreas no son como las egipcias; pues son robustas, y dan a luz antes que la partera venga a ellas.
(Éxodo 1:19)

Entonces, es aquí donde te van a querer echar al río, para que muera tu propósito, y se pierdan las esperanzas de vida, para que te des por vencido, pero no saben que mientras creen que las aguas te vencerán, serán usados para lanzarte al destino profético. Ya no sigas peleando y reprendiendo a los que Jehová Dios está usando para que llegues al cumplimiento de tu destino profético. Dilo fuerte... ¡échenme en las aguas, porque voy al cumplimiento de mi destino profético! ¡Porque Escrito Está...!

> ²² *Entonces Faraón mandó a todo su pueblo, diciendo: Echad al río a todo hijo que nazca...*
> *(Éxodo 1:22)*

El deseo de nuestro amado ABBA (Padre), por medio de la escritura de este libro, lleva como propósito único y exclusivo que al leer cada capítulo o cada revelación dada por Él, seas movido a la plena convicción de que todo lo que se ordenó a escribir es inspirado por Él bíblicamente y no por los hombres. Para que lo puedas recibir desde el mismo corazón de Dios y de su misma presencia, en el nombre de Jesús. ¡A ti la Gloria Señor! ¡Porque Escrito Está...!

> ¹⁶ *Toda la Escritura es inspirada por Dios y es útil para enseñarnos lo que es verdad y para hacernos ver lo que está mal en nuestra vida. Nos corrige cuando estamos equivocados y nos enseña a hacer lo correcto.* ¹⁷ *Dios la usa*

para preparar y capacitar a su pueblo para que haga toda buena obra. (2 Timoteo 3:16-17 NTV)

Gracias adelantadas a ti lector, por permitirme ser parte de la colección de libros que te llevarán a avanzanzar en el aprendizaje. Una recomendación es que dentro de tu tiempo de lectura, incluyas diariamente varios versículos del libro más solicitado y vendido mundialmente, la Biblia. Todos anhelamos obtener sabiduría y esta la puedes adquirir a través de la lectura, conociendo a Aquel que nos creó a su imagen y semejanza.

Te extiendo con mucho respeto esta invitación, escudriña cada mañana un versículo de la poderosa Palabra de Dios, en ella adquirirás la sabiduría que Él solo puede dar. ¡Porque Escrito Está...!

⁵ Si necesitan sabiduría, pídansela a nuestro generoso Dios, y él se la dará; no los reprenderá por pedirla.
(Santiago 1:5 NTV)

Al entrar al libro de Éxodo vamos a conocer de un hombre que Jehová Dios ya había separado para el cumplimiento de un destino profético. Nos llevará a conocer grandes misterios que marcaron la historia que tú y yo vivimos hoy.

¿Estás listo, para entrar por un desierto en donde encontraremos vivencias, necesidades, tropiezos y victorias? Enfrentaremos un mar que nos separa de nuestro lugar de destino, pero llegaremos a la tierra prometida. ¿Estás listo? Pues conozcamos al hombre que Jehová Dios usó para hacernos libres de los desiertos. ¡Y su nombre es MOISÉS! ¡Porque Escrito Está...!

Conozcamos a este personaje bíblico, Moisés pertenecía a la tribu de Leví, hijo se Amram y Jocabed, nació en Egipto, en la época en que Israel era esclavo. Además, tuvo dos hermanos Aarón y María. Su madre lo escondió de los egipcios por los primeros tres meses de su nacimiento y lo salvó de la muerte, poniéndolo en una canasta que depositó en el río Nilo. ¡Porque Escrito Está...!

> *3 Pero no pudiendo ocultarle más tiempo, tomó una arquilla de juncos y la calafateó con asfalto y brea, y colocó en ella al niño y lo puso en un carrizal a la orilla del río.*
> *(Éxodo 2:3)*

A la madre hacer ese acto, la hermana de Moisés siguió la ruta de la canasta y la misma llegaba a donde estaba la hija del Faraón, la cual se estaba bañando junto a sus servidoras y es allí donde ella lo encuentra y lo adopta.

Al escudriñar estos pasajes bíblicos, vemos cómo una madre, por cuidar y defender su hijo, tomó la decisión de colocarlo en el río, pero con la convicción de que el niño llegaría a un lugar que lo dirigirá al cumplimiento de su destino profético. ¡Porque Escrito Está...!

> *⁵ Y la hija de Faraón descendió a lavarse al río, y paseándose sus doncellas por la ribera del río, vio ella la arquilla en el carrizal, y envió una criada suya a que la tomase. ⁶ Y cuando la abrió, vio al niño; y he aquí que el niño lloraba. Y teniendo compasión de él, dijo: De los niños de los hebreos es éste. (Éxodo 2:5-6)*

Cada nacimiento viene con un propósito y destino profético. Las madres cuidan de sus hijos hasta que cuando son mayores de edad toman sus propias decisiones en la vida. Es allí donde mamá, lo pone en las aguas del río, y da comienzo el cumplimiento de su destino profético, aunque pasen desiertos por cada una de sus decisiones.

Es en ese paseo en el río, bajo la supervisión de la madre y su familia, aun a la distancia, vio quién lo recibiría. Ahora, la situación no es colocarlo en la canasta y en el río, la situación es, en qué río lo estás colocando. Según la escritura, este niño sin nombre fue colocado a las orillas del río Nilo, el significado de Nilo es Turbio, Negro. O sea, que mamá fue usada por Jehová Dios para colocar a su propósito y destino profético en aguas turbias.

No es hasta que se nos coloca en las aguas turbias, cuando recibimos el nombre para el cumplimiento de nuestro destino profético. Porque el niño no tenía nombre, cuando fue puesto en el río ¡Porque Escrito Está...!

10 Y cuando el niño creció, ella lo trajo a la hija de Faraón, la cual lo prohijó, y le puso por nombre Moisés, diciendo: Porque de las aguas lo saqué. (Éxodo 2:10)

Amados padres, ustedes no son culpables de lo que sus hijos han hecho, es que cada nacimiento es puesto en ríos turbios de este mundo para que maduren y crezcan. Sabemos que ningún padre desea mal para sus hijos, solo que ellos toman decisiones dentro de las aguas turbias de este mundo y es ahí donde pasan a los desiertos. Y en el pasar de los desiertos es que se encuentran con ellos mismos y son llevados al cumplimiento de su destino profético.

Hijos, a los cuales se le dieron las enseñanzas, cuidado, consejos, ejemplos, testimonios, atención, amor, etc.... y todo esto no los eliminó de las aguas turbias de este mundo, pero fue en sus desiertos, donde ellos salieron o hicieron posadas en él. Por eso es que nuestros hijos tienen testimonios parecidos a los nuestros, pero no iguales, ya que cada desierto forma el carácter de cada individuo. No es la canasta, no es el río, es el desierto quien nos forma. Gracias a Dios por las canastas (padres), gracias por los ríos (mundo) y sobre todo gracias por los desiertos (procesos) los que nos forman para nuestro destino profético.

Si no fuese así, Jesús, no hubiera pasado de la canasta (nacimiento), al río de este mundo que desde su nacimiento lo querían matar. Luego poder pasar por el desierto, para allí formar su identidad, carácter y poder vencer el desierto por nosotros. Él nos dio las herramientas necesarias para así también nosotros vencer nuestros propios desiertos. Jesús no te quita tus desiertos, pero tampoco te deja solo en ellos. ¡Porque Escrito Está...!

16 Herodes entonces, cuando se vio burlado por los magos, se enojó mucho, y mandó matar a todos los niños menores de dos años que había en Belén y en todos sus alrededores, conforme al tiempo que había inquirido de los magos.
(Mateo 2:16)

1 Entonces Jesús fue llevado por el Espíritu al desierto, para ser tentado por el diablo. (Mateo 4:1)

Moisés fue cuidado por la hija de Faraón y educado por los hebreos para que tomara el trono de Faraón si este falleciese. Fue educado para ser gobernante, y cuando tuvo 40 años, decidió ir a visitar a sus hermanos, pero al ver que un egipcio maltrataba a uno de los hebreos, Moisés, salió a defenderlo y mató al egipcio, convirtiéndose en un asesino. ¡Porque Escrito Está...!

11 En aquellos días sucedió que crecido ya Moisés, salió a sus hermanos, y los vio en sus duras tareas, y observó a un egipcio que golpeaba a uno de los hebreos, sus hermanos. 12 Entonces miró a todas partes, y viendo que no parecía nadie, mató al egipcio y lo escondió en la arena.
(Éxodo 2:11-12)

Es aquí donde vemos cómo un escogido de Jehová Dios, que fue cuidado sus primeros días de nacido por su madre y luego criado por la hija de Faraón, comete una falta y la oculta, pero es descubierta su acción y es aquí donde decide huir a tierra extraña. Déjame escribirte algo, cada proceso en nuestra vida tiene algo oculto que enterramos, pero hoy Jehová Dios lo va a sacar para que lleguemos al primer proceso de nuestro destino profético, aun en tierra extraña. ¡Porque Escrito Está...!

13 Al día siguiente salió y vio a dos hebreos que reñían; entonces dijo al que maltrataba al otro: ¿Por qué golpeas a tu prójimo? 14 Y él respondió: ¿Quién te ha puesto a ti por príncipe y juez sobre nosotros? ¿Piensas matarme como mataste al egipcio? Entonces Moisés tuvo miedo, y dijo: Ciertamente esto ha sido descubierto.
(Éxodo 2:13-14)

Y es aquí en tierra extraña donde nacerá nuestro primer hijo y le pondremos por nombre, según nuestra aflicción del desierto. Pero esto es para que nos acordemos que gracias a ser descubierta la falta enterrada es que veremos parte de nuestra promesa y propósito que Jehová Dios tiene con nosotros y los nuestros. Y Moisés le puso por nombre Gerson. ¡Porque Escrito Está...!

2 Y tomó Jetro suegro de Moisés a Séfora la mujer de Moisés, después que él la envió, 3 y a sus dos hijos; el uno se llamaba Gersón, porque dijo: Forastero he sido en tierra ajena; (Éxodo 18:2-3)

El significado de Gerson es expulsión, ves que gracias al ser descubierto lo enterado, es que sale a la luz el primogénito que nos va a expulsar a nuestro destino profético, aun estando en tierra ajena.

Pero no solo tuvo a Gerson en tierra ajena, también tuvo otro hijo y le puso por nombre Eliezer que significa; Dios es ayuda. ¡Porque Escrito Está...!

[4] y el otro se llamaba Eliezer, porque dijo: El Dios de mi padre me ayudó, y me libró de la espada de Faraón. (Éxodo 18:4)

Por tal razón, cada nacimiento dentro de nuestros procesos para el cumplimiento de nuestro destino profético trae consigo grandes significados, los cuales nos harán hacer memorias de que aun en todos nuestros procesos Jehová Dios ayuda. ¡Porque Escrito Está...!

Entonces, aquel niño que fue puesto en una canasta sin nombre y echado en el río, cuidado por la hija de Faraón, defiende a uno de su pueblo y comete un asesinato en defensa de otro, sale huyendo al desierto, se casa, tiene dos hijos, se hace pastor de ovejas y Jehová Dios lo llama por medio de una zarza ardiendo. ¡Porque Escrito Está...!

² Y se le apareció el Ángel de Jehová en una llama de fuego en medio de una zarza; y él miró, y vio que la zarza ardía en fuego, y la zarza no se consumía. ³ Entonces Moisés dijo: Iré yo ahora y veré esta grande visión, por qué causa la zarza no se quema. ⁴ Viendo Jehová que él iba a ver, lo llamó Dios de en medio de la zarza, y dijo: !!Moisés, Moisés! Y él respondió: Heme aquí. ⁵ Y dijo: No te acerques; quita tu calzado de tus pies, porque el lugar en que tú estás, tierra santa es. (Éxodo 3:2-5)

Este cambio no vino humanamente, el encuentro que tuvo Moisés fue sobrenatural. Al ver cómo en el desierto una zarza no se consumía, fue a investigar qué ocurría. Moisés tenía un carácter impulsivo con temperamento sanguíneo, reaccionaba rápido ante las circunstancias. Entonces aquí Jehová Dios se le revela como el Dios de sus padres y le pide que saque de Egipto a su pueblo. ¡Porque Escrito Está...!

⁶ Y dijo: Yo soy el Dios de tu padre, Dios de Abraham, Dios de Isaac, y Dios de Jacob. Entonces Moisés cubrió su rostro, porque tuvo miedo de mirar a Dios. ⁷ Dijo luego Jehová: Bien he visto la aflicción de mi pueblo que está en Egipto, y he oído su clamor a causa de sus exactores; pues he conocido sus angustias, ⁸ y he descendido para librarlos de mano de los egipcios, y sacarlos de aquella tierra a una tierra buena y ancha, a tierra que fluye leche y miel, a los lugares del cananeo, del heteo, del amorreo, del ferezeo, del heveo y del jebuseo. ⁹ El clamor, pues, de los hijos de Israel ha venido delante de mí, y también he visto la opresión con que los egipcios los oprimen. ¹⁰Ven, por tanto, ahora, y te enviaré a Faraón, para que saques de Egipto a mi pueblo, los hijos de Israel. (Éxodo 3:6-10)

Moisés le informó a Jehová Dios y le preguntó quién era él para ir a presentarse delante de Faraón. Jehová Dios le dio toda la información que necesitaba saber y tener. ¡Porque Escrito Está...!

¹¹Entonces Moisés respondió a Dios: ¿Quién soy yo para que vaya a Faraón, y saque de Egipto a los hijos de Israel? ¹²Y él respondió: Ve, porque yo estaré contigo; y esto te será por señal de que yo te he enviado: cuando hayas sacado de Egipto al pueblo, serviréis a Dios sobre este monte.
(Éxodo 3:11-12)

Es ahí donde el Señor comienza a trabajar con nuestro propósito y destino profético, en el cual los procesos del desierto nos quieren hacer pensar que no estamos capacitados ni somos diestros, que no somos merecedores de cosas buenas, que no podemos ser usados por el Señor por los pecados y errores cometidos. Y Jehová Dios nos dice; Yo estaré contigo. Él nos dice que estará con nosotros, que no nos desamparará en nuestros procesos. ¡Porque Escrito Está...!

¹³Pues yo te sostengo de tu mano derecha; yo, el SEÑOR tu Dios. Y te digo: No tengas miedo, aquí estoy para ayudarte.
(Isaías 41:13 NTV)

Luego de Moisés recibir la orden de parte de Jehová Dios para que se presentara a su pueblo y le diera la noticia de salida, Moisés le dijo, ¿qué le diré cuando me pregunten quién me envió? ¡Porque Escrito Está...!

> ¹³ Dijo Moisés a Dios: He aquí que llego yo a los hijos de Israel, y les digo: El Dios de vuestros padres me ha enviado a vosotros. Si ellos me preguntaren: ¿Cuál es su nombre?, ¿qué les responderé? ¹⁴ Y respondió Dios a Moisés: YO SOY EL QUE SOY. Y dijo: Así dirás a los hijos de Israel: YO SOY me envió a vosotros. (Éxodo 3:13-14)

Así es como le contestaremos a quien nos pregunte quién nos sacó de nuestro desierto. EL YO SOY fue quien me sacó y ahora me envía a decirte que solo es en Él que podemos salir de nuestros desiertos. No hay nadie como Él, ya que como maestro es un experto discipulando a los que cargan su destino profético.

Entonces Moisés, al recibir dicho mandato de parte de Jehová Dios, trató de esquivar esa poderosa encomienda y le dijo al Señor que él no tenía buen vocablo, que era tardo al hablar y torpe de lengua. ¡Porque Escrito Está...!

> ¹⁰ Pero Moisés rogó al SEÑOR: Oh Señor, no tengo facilidad de palabra; nunca la tuve, ni siquiera ahora que tú me has hablado. Se me traba la lengua y se me enredan las palabras. (Éxodo 4:10 NTV)

Muchas veces tratamos de evitar el compromiso o encomienda que el Señor nos pone para glorificarse a través de nosotros. Ponemos excusas, buscamos la manera de no tomar dicha responsabilidad a nuestro llamado y lo primero que hacemos es tratar de volver al desierto para hacer posada en él. Pero no debe ser así, luego de pasar los desiertos, vamos a ser utilizados para sacar a otros de allí.

¿Y cómo se hace? Esperando las instrucciones del Altísimo y tomar esa autoridad delegada por Él, la cual recibiste al pasar por el desierto. ¿Quién mejor que alguien que pasó por un desierto, para ayudar a otros a salir de ahí? No es lo mismo que te cuenten, a que lo vivas. ¡Porque Escrito Está...!

> [39] *Luego Jesús les dio la siguiente ilustración: «¿Puede un ciego guiar a otro ciego? ¿No caerán los dos en una zanja?* [40] *Los alumnos no son superiores a su maestro, pero el alumno que complete su entrenamiento se volverá como su maestro.* (Lucas 6:39-40 NTV)

Aquí empezó su liderazgo para el cual, sin saberlo, había sido preparado en dos etapas, la primera con los egipcios, con quienes adquirió conocimientos para ser un gran líder de Egipto; y la segunda por la cantidad de años que estuvo en el desierto donde desarrolló humildad, paciencia, compasión, presencia, cualidades necesarias para ser un líder exitoso.

En Moisés vemos una personalidad sobresaliente, moldeada por Dios, preparado con un propósito, él ha sido catalogado como el más grande líder judío, pues puso en movimiento el Éxodo. Se le reconoce como profeta, pues Dios hablaba al pueblo a través de él y como legislador, ya que registró los 10 mandamientos, y fue el autor del pentateuco.

Fue príncipe, pastor, y líder de los israelitas. Con su esposa Séfora tuvo dos hijos Gersón y Eliezer. No pudo entrar a la tierra prometida por su desobediencia a Dios, pero desde el monte Nebo (elevado) la pudo ver. Moisés murió a la edad de 120 años.

A través de la vida de Moisés podemos ver con claridad cómo Dios nos prepara y luego nos utiliza. Su plan es para toda la vida y hace sus más grandes obras a través de gente débil. Por tal razón, cuando sentimos que nos abandonaron, no entendemos por qué estamos aquí en esta Tierra, que nada nos sale bien, que por más que intentamos nada bueno ocurre... puede ser que todavía hay algo de Egipto en nosotros.

El significado de Egipto es tipología de esclavitud, servidumbre, ataduras. Dios nos está ordenando, por medio de esta escritura, que hay que salir de Egipto. Quien puede sacarte hoy de ahí ya no es Moisés, sino Cristo. Él, pagó un precio por tu vida y venció el desierto en el cual estuvo 40 días.

¿En cuántos días el pueblo de Israel iba a pasar el desierto? El pueblo de Israel pudo haber entrado a la tierra prometida en varios días en lugar de 40 años. ¡Porque Escrito Está...!

> *[8] Mirad, yo os he entregado la tierra; entrad y poseed la tierra que Jehová juró a vuestros padres Abraham, Isaac y Jacob, que les daría a ellos y a su descendencia después de ellos. (Deuteronomio 1:8)*

¿Qué fue lo que pasó? No creyeron la Palabra de Dios de que ya les había entregado la tierra, que entraran y la poseyeran. El pueblo tuvo un "mejor plan", enviar espías para que reconocieran la tierra. Estos llegaron con las muestras de que era una tierra de bendición, pero con un reporte de lo grande y temible de los guerreros y sus ciudades amuralladas.

¿Cuánto tiempo te va a tomar vivir la vida abundante que Jesucristo promete? Pueden ser unos 11 días obedeciendo a Dios, peleando batallas de fe y experimentado su poder o 40 años de vagancia, mortandad y queja. Eso lo decides tú. Recuerda que tu descendencia también recibirá las consecuencias de la decisión que tomes hoy.

Jesús te presenta la oportunidad de vencer y salir de tu Egipto espiritual, Él venció todo desierto y recuperó nuestra libertad durante los 40 días y 40 noches en las que vivió en el desierto. ¡Porque Escrito Está...!

12 Y luego el Espíritu le impulsó al desierto. 13 Y estuvo allí en el desierto cuarenta días, y era tentado por Satanás, y estaba con las fieras; y los ángeles le servían.
(Marcos 1:12-13)

Jesús estuvo esos 40 días y 40 noches en el desierto sabiendo que el pueblo de Israel estuvo 40 años en él y Moisés no entró a la tierra prometida, sino que fue la generación de Josué y Caleb quienes poseyeron la tierra. Jesús fue llevado al desierto con el único propósito de vencer la tentación, la esclavitud, romper toda ligadura y atadura adquirida por el pueblo de Israel en el desierto. Jesús nos entregó la plena libertad que fue usurpada por el sentido de esclavitud, debido a que el pueblo de Israel estuvo cautivo por 430 años en Egipto. ¡Porque Escrito Está...!

40 El tiempo que los hijos de Israel habitaron en Egipto fue cuatrocientos treinta años. (Éxodo 12:40)

El pueblo de Israel pasó por varios procesos y pruebas camino a la tierra prometida, por eso, quiero compartir una información que va a tono con lo que deseamos impartir como enseñanza en este libro. ¡Porque Escrito Está...!

6 En lo cual vosotros os alegráis, aunque ahora por un poco de tiempo, si es necesario, tengáis que ser afligidos en

diversas pruebas, para que sometida a prueba vuestra fe.
⁷ para que sometida a prueba vuestra fe, mucho más preciosa
que el oro, el cual, aunque perecedero se prueba con fuego,
sea hallada en alabanza, gloria y honra cuando sea
manifestado Jesucristo, (1 Pedro 1:6-7)

Encontramos que el pueblo de Israel atravesó varios desiertos antes de entrar en la tierra prometida. Y buscando esta explicación bíblica observamos que fueron 7 desiertos en total; este número es tipología bíblica de perfección y consumación. En la búsqueda de información para saber más de los procesos del pueblo de Israel en el desierto encontré esta enseñanza que me pareció muy apropiada para enriquecernos por medio de ella y le he añadido lo que a su vez se nos ha sido revelado. Quiero dar las gracias al Pastor Carlos Ortiz de la Iglesia Cristo Vive en Miami por permitirme compartir esta poderosa revelación de los nombres de los 7 desiertos.

En medio de los desiertos que atravesamos, Dios nos perfecciona y desarrolla su preciosa voluntad en nosotros.

Los 7 desiertos fueron:

1-Desierto de **Shur**, (*fortaleza*) ¡Porque Escrito Está...!

²² E hizo Moisés que partiese Israel del Mar Rojo, y salieron al desierto de Shur; y anduvieron tres días por el desierto sin hallar agua. (Éxodo 15:22)

Es en este desierto es donde luchamos contra nuestra mente, pensamientos y memorias, las cuales no nos dejan avanzar a nuestro destino profético. Es en este desierto donde llegamos a un lugar conocido como Mara (amargura) y solo encontramos aguas amargas. ¡Porque Escrito Está...!

23 Y llegaron a Mara, y no pudieron beber las aguas de Mara, porque eran amargas; por eso le pusieron el nombre de Mara. (Éxodo 15:23)

Es ahí donde Jehová Dios tritura toda nuestra amargura de espíritu y nos da la revelación de cómo endulzar dichas aguas. Porque solo es Él quien saca de toda amargura la dulzura de su propósito, por el cual somos probados para así darnos las instrucciones para cumplir y llegar a nuestro destino profético. ¡Porque Escrito Está...!

25 Y Moisés clamó a Jehová, y Jehová le mostró un árbol; y lo echó en las aguas, y las aguas se endulzaron. Allí les dio estatutos y ordenanzas, y allí los probó; 26 y dijo: Si oyeres atentamente la voz de Jehová tu Dios, e hicieres lo recto delante de sus ojos, y dieres oído a sus mandamientos, y guardares todos sus estatutos, ninguna enfermedad de las que envié a los egipcios te enviaré a ti; porque yo soy Jehová tu sanador. (Éxodo 15:25-26)

Luego de pasar dicho desierto, donde somos confrontados en nuestros pensamientos para aclarar nuestra mente y liberarnos de toda amargura, nos posiciona dejándonos descansar en nuestro Elim (árboles, palmeras), usando 12 fuentes (tipificando los apóstoles) y 70 palmeras (tipificando los discípulos enviados) que nos hacen descansar. ¡Porque Escrito Está...!

[27] Y llegaron a Elim, donde había doce fuentes de aguas, y setenta palmeras; y acamparon allí junto a las aguas.
(Éxodo 15:27)

2-Desierto de **Sin,** (*carencia*) ¡Porque Escrito Está...!

[1] Partió luego de Elim toda la congregación de los hijos de Israel, y vino al desierto de Sin, que está entre Elim y Sinaí, a los quince días del segundo mes después que salieron de la tierra de Egipto. (Éxodo 16:1)

En este desierto luchas contra problemas económicos y financieros los cuales son los causantes de que muchas personas piensen en la muerte o en el divorcio. Es aquí donde somos probados en conocer quién realmente es nuestro proveedor: nuestras fuerzas o Aquel que nos brinda todo lo que bajo su propósito y destino profético necesitamos. Este desierto te hace pensar que solo recibes y cubres tus necesidades a través de ser un esclavo de Faraón, donde solo estando y fungiendo como esclavo llega la provisión para ti y los tuyos.

Pero Jehová Dios, nuestro proveedor nos sacó de los desiertos financieros y nos entregó su mayor herencia, su hijo Jesús. ¡Porque Escrito Está...!

> ³ *Los hijos son la herencia que nos da el SEÑOR;*
> *los frutos del vientre son la recompensa que viene de*
> *Dios. (Salmo 127:3 PDT)*

3-Desierto de **Sinaí** *(camino de espinas)* ¡Porque Escrito Está...!

> ¹ *En el mes tercero de la salida de los hijos de Israel de la*
> *tierra de Egipto, en el mismo día llegaron al desierto de*
> *Sinaí. (Éxodo 19:1)*

En este desierto luchas contra pequeños problemas a la vez, a los cuales no le encuentras solución inmediata y, por ende, traen frustración. Salir de Refidim (soporte) y entrar al desierto de Sinaí (espinas) solo se logra si entras con un buen soporte, y este lo brinda nuestro amado Jehová Dios. Quien sobrellevó toda esa carga con las fuerzas y el soporte que su Padre le brindó fue Jesús. ¡Porque Escrito Está...!

> ²⁷ »*Mi Padre me ha confiado todo. Nadie conoce*
> *verdaderamente al Hijo excepto el Padre, y nadie conoce*
> *verdaderamente al Padre excepto el Hijo y aquellos a*

quienes el Hijo decide revelarlo». **²⁸** Luego dijo Jesús: «Vengan a mí todos los que están cansados y llevan cargas pesadas, y yo les daré descanso. **²⁹** Pónganse mi yugo. Déjenme enseñarles, porque yo soy humilde y tierno de corazón, y encontrarán descanso para el alma. **³⁰** Pues mi yugo es fácil de llevar y la carga que les doy es liviana». *(Mateo 11:27-30 NTV)*

4- Desierto de **Paran** *(cavernas)* ¡Porque Escrito Está...!

¹⁶ *Después el pueblo partió de Hazerot, y acamparon en el desierto de Parán. (Números 12:16)*

En este desierto luchas contra la depresión, la soledad y la tristeza, las que te impulsan a rendirte. Este desierto llegó después de salir de Hazerot (aldeas), y es ahí donde entraron a Paran (cavernas), pues es en las cavernas donde somos confrontados. La comodidad de las aldeas no nos permite ver cuan necesitados estamos de Jehová Dios y es en las cavernas de nuestra vida que Él se glorificará para sacarnos con silbidos apacibles. Como Elías, al sentirse depresivo, solo, triste y perseguido, se metió en una cueva, pero hasta allí fue Jehová Dios a buscarlo. ¡Porque Escrito Está...!

⁹ *Y allí se metió en una cueva, donde pasó la noche. Y vino a él palabra de Jehová, el cual le dijo: ¿Qué haces aquí, Elías? (1 Reyes 19:9)*

> *¹² Y tras el terremoto un fuego; pero Jehová no estaba en el fuego. Y tras el fuego un silbo apacible y delicado.*
>
> *(1 Reyes 19:12)*

Solo salimos de esas cuevas o cavernas por su silbido apacible, no con los estruendos de las aldeas, las cuales nos acomodan y no nos confrontan para llevarnos a nuestro destino profético. Vamos decláralo… ¡hoy, salgo de mis cuevas y cavernas con su silbido apacible que me catapulta a mi destino profético! En el nombre de Jesús, ¡amén!

5-Desierto de **Zin** *(plano)* ¡Porque Escrito Está…!

> *¹ Llegaron los hijos de Israel, toda la congregación, al desierto de Zin, en el mes primero, y acampó el pueblo en Cades… (Números 20:1)*

En este desierto luchamos contra esas cosas que pareciera que nunca cambiarán, las que damos por perdidas y no permiten que podamos ver más allá. En el desierto de Zin (plano) está la ciudad de Cades (Santo), y es aquí donde muchas veces al estar "plano", golpeamos al santo que llevamos dentro. En este desierto perdemos las fuerzas, la esperanza, y muchas veces la fe que nos sostiene cada día. Al ver nuevamente la escasez de algo necesario para sostenernos, le reclamamos a nuestro Jehová Dios, porque nos saca de la comodidad de nuestro Egipto para pasar necesidades en el desierto. ¡Porque Escrito Está...!

> ² *Y porque no había agua para la congregación, se juntaron contra Moisés y Aarón.* ³ *Y habló el pueblo contra Moisés, diciendo: !!Ojalá hubiéramos muerto cuando perecieron nuestros hermanos delante de Jehová!* ⁴ *¿Por qué hiciste venir la congregación de Jehová a este desierto, para que muramos aquí nosotros y nuestras bestias?* ⁵ *¿Y por qué nos has hecho subir de Egipto, para traernos a este mal lugar? No es lugar de sementera, de higueras, de viñas ni de granadas; ni aun de agua para beber.*
> *(Números 20:2-5)*

Por eso, cada vez que crees que entras a este desierto o tal vez puedas identificar que estás en él todavía, no te quejes, solo humíllate ante Jehová Dios y pídele lo necesario para salir. Él te dará la respuesta que necesitas, pero háblale a la roca, no la golpees. ¡Porque Escrito Está...!

> ⁸ *Toma la vara, y reúne la congregación, tú y Aarón tu hermano, y __hablad__ a la peña a vista de ellos; y ella dará su agua, y les sacarás aguas de la peña, y darás de beber a la congregación y a sus bestias. (Números 20:8)*

> ¹¹ *Entonces alzó Moisés su mano y __golpeó__ la peña con su vara __dos veces__; y salieron muchas aguas, y bebió la congregación, y sus bestias. (Números 20:11)*

Si golpeas puedes ocasionar que tú y tu generación no entren a la tierra que Jehová Dios les prometió, la cual fluye leche y miel. ¡Porque Escrito Está...!

> *[17] Prometí rescatarlos de la opresión que sufren en Egipto. Los llevaré a una tierra donde fluyen la leche y la miel...*
>
> *(Éxodo 3:17 NTV)*

6-Desierto de Ijeabarim (*ruina*) ¡Porque Escrito Está...!

> *[11] Y partiendo de Obot, acamparon en Ije-abarim, en el desierto que está enfrente de Moab, al nacimiento del sol.*
>
> *(Números 21:11)*

En este desierto luchamos contra la ruina y el temor de perderlo todo, es donde el sentimiento de pérdida nos consume y no nos deja volver a intentarlo. Recordemos que este sentir de pérdida viene a raíz de la simiente Adámica, ya que él salió del Huerto de Edén con dicho sentimiento. Por tal razón, este desierto de ruina saca de nosotros ese Obot (odre) de deshonra a Jehová Dios, en medio de este desierto Ije-abarim (ruina) para llevarnos a Moab (del padre) para trasladarnos a la salida del último desierto y entrar a nuestro valle de Zered (crecimiento exuberante) el cual nos lanzará a todo lo caudaloso. ¡Porque Escrito Está...!

¹² Partieron de allí, y acamparon en el valle de Zered.
(Números 21:12)

7-Desierto de Anón (río caudaloso. ¡Porque Escrito Está...!

¹³ De allí partieron, y acamparon al otro lado de Arnón, que está en el desierto, y que sale del territorio del amorreo; porque Arnón es límite de Moab, entre Moab y el amorreo.
(Números 21:13)

En este desierto luchas contra circunstancias y personas que quieren arrasar con todo lo que tienes. Allí tu mirada debe de estar en Jesús, el único que nunca te dejará solo. No importa cuál de estos 7 desiertos estés pasando en este momento, lo importante es que comprendas que el desierto es solo una parada en camino a la tierra prometida y no tu destino final.

Ahora bien, cuán rápido llegarás a la tierra de bendición no dependerá de Dios, sino de tu capacidad de obedecerle; pues un viaje de 11 días se convirtió en uno de 40 años para los hebreos por su desobediencia. La tierra prometida te espera. ¡PASA TU DESIERTO Y SIGUE!

Declara proféticamente conmigo: "¡hoy, yo y mi familia reclamamos nuestras promesas en el nombre de Jesús! ¡Amén!

Capítulo 6

Desde hoy recibo mis promesas

esde este capítulo en adelante vamos a reclamar nuestras promesas, las cuales están separadas para todos los hijos. Nuestro amado Jesús declaró con su propia boca que, al clamar al Padre por medio de Él, el Padre contestaría nuestras peticiones. ¡Porque Escrito Está...!

> *13 Y todo lo que pidiereis al Padre en mi nombre, lo haré, para que el Padre sea glorificado en el Hijo.*
>
> *(Juan 14:13)*

Ahora es el momento de tomar la Palabra de Dios, y sumergirnos en ella para escudriñarla. De esa forma, nos enriqueceremos extraordinariamente porque todo lo que pidamos en oración nos será contestado conforme a su voluntad, propósito y destino profético. ¡Porque Escrito Está...!

> 24 *Por eso les digo que cuando pidan algo en sus oraciones, pídanlo convencidos de que ya lo han recibido y entonces todo lo que pidan será suyo. (Marcos 11:24 PDT)*

Las promesas escritas en la Palabra no tienen fecha de expiración, pero sí de cumplimiento, y si crees con fe, verás lo que no has visto. ¡Porque Escrito Está...!

> 1*Es, pues, la fe la certeza de lo que se espera, la convicción de lo que no se ve. (Hebreos 11:1)*

Te invito a que disfrutes de las ricas bendiciones que tu amado Jesús te quiere dar por medio del Espíritu Santo, el cual nos dará la convicción de que lo que Él dijo eso hará. ¡Porque Escrito Está...!

> 26 *Mas el Consolador, el Espíritu Santo, a quien el Padre enviará en mi nombre, él os enseñará todas las cosas, y os recordará todo lo que yo os he dicho. (Juan 14:26)*

Vivo convencido de que dichas promesas son para nosotros y para nuestras generaciones. Las maldiciones solo pueden llegar hasta cuatro generaciones, pero las bendiciones de Dios llegan hasta mil generaciones. ¡Porque Escrito Está...!

⁹ »Entonces reconoce ahora que el SEÑOR tu Dios es el único Dios. Es un Dios fiel que mantiene por mil generaciones su pacto y fiel amor hacia todos aquellos que lo aman y obedecen sus mandamientos,
(Deuteronomio 7:9 PDT)

Vamos, amado lector, cree y verás, porque el único requisito para que todas estas promesas reposen sobre de ti y los tuyos es creyendo. ¡Porque Escrito Está...!

²³ Jesús le dijo: Si puedes creer, al que cree todo le es posible.
(Marcos 9:23)

Desde hoy en adelante tu actitud debe de ser de un conquistador, un guerrero, uno de los que arrebatan su bendición porque no eres de los cobardes que retroceden, sino de los valientes que avanzan. ¡Porque Escrito Está...!

³⁹ Pero nosotros no somos de los cobardes que se vuelven atrás y se pierden, sino de los que se salvan por su fe.
(Hebreos 10:39 PDT)

Por tal razón, cada vez que quiera venir el pensamiento para hacerte dudar no lo permitas, lleva todos esos pensamientos cautivos a Cristo. ¡Porque Escrito Está...!

⁵ derribando argumentos y toda altivez que se levanta contra el conocimiento de Dios, y llevando cautivo todo

pensamiento a la obediencia a Cristo,
(2 Corintios 10:5)

La duda no puede ser tu aliado, ni el temor, ni la incredulidad, porque esto hace corto circuito con tu fe. ¡Porque Escrito Está...!

10 El que cree en el Hijo de Dios acepta lo que dice Dios. Pero el que no cree está diciendo indirectamente que Dios es un mentiroso, porque no cree en el testimonio que Dios ha dado acerca de su Hijo. (1 Juan 5:10 PDT)

Qué tal si con la lectura de este libro, el cual comenzó en el capítulo uno, llamado la Creación, basado en el libro de Genesis que significa principio, le demos la bienvenida a todo lo que desde el principio Dios hizo bueno para que lo disfrutemos al máximo. ¡Porque Escrito Está...!

10 Pues somos la obra maestra de Dios. Él nos creó de nuevo en Cristo Jesús, a fin de que hagamos las cosas buenas que preparó para nosotros tiempo atrás. (Efesios 2:10 NTV)

Esto no quieres decir que no pueden pasar cosas en nuestras vidas, que este libro es la solución a nuestras situaciones. Claro que no, pero lo que este libro sí desea es que recibas esas promesas, las cuales te proveerán las herramientas necesarias que te ayudarán en todo tiempo. ¡Porque Escrito Está...!

> *⁷ Si permanecéis en mí, y mis palabras permanecen en vosotros, pedid todo lo que queréis, y os será hecho.*
> *(Juan 15:7)*

Nuestra oración va dirigida a que te empoderes de todas y cada una de sus promesas y ellas provocarán en ti esa pasión de seguir intimando con tu amado, quien prometió que estaría contigo siempre desde tu nacimiento hasta tu vejez. ¡Porque Escrito Está...!

> *³ «Escúchenme, descendientes de Jacob, todos los que permanecen en Israel. Los he protegido desde que nacieron; así es, los he cuidado desde antes de nacer. ⁴ Yo seré su Dios durante toda su vida; hasta que tengan canas por la edad. Yo los hice y cuidaré de ustedes; yo los sostendré y los salvaré. (Isaías 46:3-4 NTV)*

Amado lector solo deseo, clamo y oro, para que nuestro Padre Celestial sea siempre quien dirija tus pasos, que vele tu acostar como tu levantar, vele tu salida como tu entrada, te cubra con su manto y ponga su mano sobre de ti y los tuyos. En el nombre de Jesús... ¡Amén! ¡Porque Escrito Está...!

> *⁸ Jehová guardará tu salida y tu entrada Desde ahora y para siempre. (Salmo 121:8)*

> *⁵ Me voy a dormir tranquilo y sé que despertaré, porque el SEÑOR me protege. (Salmo 3:5 PDT)*

8 En completa paz me acuesto y me duermo,
porque tú, SEÑOR, me haces vivir tranquilo.
(Salmo 4:8 PDT)

Al recibirle, recibo su amor incondicional, el cual me enriquece de tal manera que ya no me sentiré desamparado en amor. ¡Porque Escrito Está...!

10 En esto consiste el amor: no en que nosotros hayamos amado a Dios, sino en que él nos amó a nosotros, y envió a su Hijo en propiciación por nuestros pecados.
(1 Juan 4:10)

19 Nosotros le amamos a él, porque él nos amó primero.
(1 Juan 4:19)

Toda nuestra confianza está puesta en Él, y de Él, vienen las respuestas. ¡Porque Escrito Está...!

14 Y esta es la confianza que tenemos en él, que si pedimos alguna cosa conforme a su voluntad, él nos oye. 15 Y si sabemos que él nos oye en cualquiera cosa que pidamos, sabemos que tenemos las peticiones que le hayamos hecho.
(1 Juan 5:14-15)

Pero todavía hay más... ¡Porque Escrito Está...!

Capítulo 7

ABBA Padre y sus nombres...

He orado para que nuestro ABBA (Padre) nos revele la poderosa identidad de su presencia en nosotros por medio de sus nombres y su magnificencia. Él es el Alfa y la Omega. Él es nuestro Todopoderoso. ¡Porque Escrito Está...!

> *8 Yo soy el Alfa y la Omega, principio y fin, dice el Señor, el que es y que era y que ha de venir, el Todopoderoso.*
> *(Apocalipsis 1:8)*

Debemos usar y clamar cada nombre, expresión y declaración de nuestro ABBA. Sus nombres son santos y únicos, en ellos hay más que simplemente un nombre, y gracias a Él tenemos herencia. ¡Porque Escrito Está...!

6 Y porque ya somos sus hijos, Dios mandó el Espíritu de su Hijo a nuestros corazones; y el Espíritu clama: «¡ABBA! ¡Padre!» 7 Así pues, tú ya no eres esclavo, sino hijo de Dios; y por ser hijo suyo, es voluntad de Dios que seas también su heredero. (Gálatas 4:6-7)

6 Pero yo revelaré mi nombre a mi pueblo, y llegará a conocer mi poder. Entonces, por fin mi pueblo reconocerá que soy yo quien le habla». (Isaías 52:6 NTV)

Nuestro amado ABBA, se le reveló a los hombres con diferentes nombres, debido a los procesos que ellos estaban viviendo o por declaración de ABBA mismo. Para poder comprender las riquezas de cada nombre de nuestro Padre, debemos estudiar la importancia de estos. Es necesario conocer los nombres de Dios (ABBA), ya que las escrituras nos dejan ver lo importantes que son, nos dan la identidad y la posición de quien carga cada nombre.

En el viejo Testamento ocurrió algo extraordinario con relación a los nombres, un ejemplo es el cambio de nombre que tuvo Abram que significa "padre exaltado" a Abraham que significa "padre de una multitud". Cada nombre que nuestro ABBA utilizó tiene un significado profético para mí, para ti y para nuestras generaciones.

Veamos algunos nombres de nuestro ABBA, y sus significados, estos nos van a enriquecer al reconocerlos hoy día por medio de su hijo amado Jesús. Todos están en la Biblia, accesibles para todos sus hijos. ¡Porque Escrito Está...!

Cuando necesitemos de Aquel que lo creó todo, vayamos al principio y conoceremos más de su nombre como el Creador de todos los fundamentos. ¡Porque Escrito Está...!

ELOHIM; significa, el Creador Todopoderoso. Dios es el creador de todo el universo, Él lo crea todo, creó todas las cosas y está en todo lugar para darnos las fuerzas cuando estemos agotados. ¡Porque Escrito Está...!

¹ En el principio creó Dios los cielos y la tierra. ² Y la tierra estaba desordenada y vacía, y las tinieblas estaban sobre la faz del abismo, y el Espíritu de Dios se movía sobre la faz de las aguas. ³ Y dijo Dios: Sea la luz; y fue la luz.
(Génesis 1:1-3)

JEHOVÁ; significa, YO SOY, el que es auto existente. Él es quien nunca cambia, Él cumple promesas. ¡Porque Escrito Está...!

² Habló todavía Dios a Moisés, y le dijo: Yo soy JEHOVÁ. ³ Y aparecí a Abraham, a Isaac y a Jacob como Dios Omnipotente, más en mi nombre JEHOVÁ no me di a conocer a ellos. ⁶ Por tanto, dirás a los hijos de Israel: Yo soy JEHOVÁ; y yo os sacaré de debajo de las tareas pesadas de Egipto, y os libraré de su servidumbre, y os redimiré con

brazo extendido, y con juicios grandes;
(Éxodos 6:2-3, 6)

<u>*ADONAI;*</u> significa, El Señor, mi gran Señor. Él es el amo y Señor majestuoso, y Él es, nuestra autoridad plena. ¡Porque Escrito Está...!

¹ !!Oh Jehová, Señor nuestro, ¡Cuán glorioso es tu nombre en toda la tierra! Has puesto tu gloria sobre los cielos;
(Salmo 8:1)

¹⁹ Jehová el Señor es mi fortaleza, El cual hace mis pies como de ciervas, Y en mis alturas me hace andar...
(Habacuc 3:19)

Nuestro ABBA también se nos presenta como ese Dios que, por medio de sus nombres al recibir las revelaciones proféticas, nos da esa fortaleza, sabiduría, provisión, sanidad, paz y muchas cosas más. Veamos los siguientes nombres de nuestro ABBA. ¡Porque Escrito Está...!

<u>*JEHOVÁ-JIREH;*</u> significa, El Señor proveerá. Así como proveyó el carnero para el sacrificio a Abraham y proveyó a su hijo amado Jesús para ser sacrificado para salvarnos, así mismo Él es, y será nuestro proveedor perpetuo por medio de Jesús. ¡Porque Escrito Está...!

¹³ Entonces Abraham levantó los ojos y vio un carnero que estaba enredado por los cuernos en un matorral. Así que tomó el carnero y lo sacrificó como ofrenda quemada en lugar de su hijo. ¹⁴ Abraham llamó a aquel lugar Yahveh-jireh (que significa «el SEÑOR proveerá»). Hasta el día de hoy, la gente todavía usa ese nombre como proverbio: «En el monte del SEÑOR será provisto». (Génesis 22:13-14 NTV)

⁴⁵ Pues ni aun el Hijo del Hombre vino para que le sirvan, sino para servir a otros y para dar su vida en rescate por muchos». (Marcos 10:45 NTV)

JEHOVÁ-TSABAOTH; significa el Señor de los ejércitos, el Señor nuestro guerrero. Porque Él, pelea por nosotros y así estaremos tranquilos. Porque siempre cumplirá su propósito en nosotros... créelo. ¡Porque Escrito Está...!

⁴⁵ David le respondió al filisteo: Tú vienes contra mí con espada, lanza y jabalina, pero yo vengo contra ti en nombre del SEÑOR de los Ejércitos Celestiales, el Dios de los ejércitos de Israel, a quien tú has desafiado. (1 Samuel 17:45 NTV)

¹⁴ Jehová peleará por vosotros, y vosotros estaréis tranquilos. (Éxodo 14:14)

JEHOVÁ-SHALOM; significa el Señor es paz. Él derrota a todo enemigo, y por medio de esa victoria nos provee su paz. Jesús es nuestro Príncipe de paz. ¡Porque Escrito Está...!

²⁶ Que el SEÑOR te muestre su favor y te dé su paz". (Número 6:2 NTV)

²⁴ *Y edificó allí Gedeón altar a Jehová, y lo llamó Jehová-shalom; el cual permanece hasta hoy en Ofra de los abiezeritas. (Jueces 6:24)*

⁶ *Porque un niño nos es nacido, hijo nos es dado, y el principado sobre su hombro; y se llamará su nombre Admirable, Consejero, Dios Fuerte, Padre Eterno, Príncipe de Paz. (Isaías 9:6)*

²⁷ *La paz os dejo, mi paz os doy; yo no os la doy como el mundo la da. No se turbe vuestro corazón, ni tenga miedo. (Juan 14:27)*

JEHOVÁ-ROHI; significa el Señor es mi pastor. El Señor, nos cuida, guía, dirige, guarda, y ama como un Padre paciente. Jesús es nuestro pastor, escucha su voz y síguele. ¡Porque Escrito Está...!

¹ *Jehová es mi pastor; nada me faltará.* ² *En lugares de delicados pastos me hará descansar; Junto a aguas de reposo me pastoreará. (Salmo 23:1-2)*

⁶ *Todos nosotros nos habíamos perdido como ovejas. Cada uno agarró su propio camino. Pero el SEÑOR cargó en él todo el castigo que nosotros merecíamos. (Isaías 53:6 PDT)*

¹⁴ *Yo soy el buen pastor; y conozco mis ovejas, y las mías me conocen,* ¹⁵ *así como el Padre me conoce, y yo conozco al Padre; y pongo mi vida por las ovejas.* ¹⁶ *También tengo otras ovejas que no son de este redil; aquéllas también debo*

traer, y oirán mi voz; y habrá un rebaño, y un pastor.
(Juan 10:14-16)

[20] *Y el Dios de paz que resucitó de los muertos a nuestro Señor Jesucristo, el gran pastor de las ovejas, por la sangre del pacto eterno, (Hebreos 13:20)*

[17] *porque el Cordero que está en medio del trono los pastoreará, y los guiará a fuentes de aguas de vida; y Dios enjugará toda lágrima de los ojos de ellos.*
(Apocalipsis 7:17)

<u>*JEHOVÁ-NISSI;*</u> significa el Señor es mi bandera, mi estandarte. El Señor nos da la victoria contra la carne, nos hace más que vencedores y nos trae de las tinieblas a la luz admirable. ¡Porque Escrito Está...!

[15] *Y Moisés edificó un altar, y llamó su nombre Jehová-nisi;* [16] *y dijo: Por cuanto la mano de Amalec se levantó contra el trono de Jehová, Jehová tendrá guerra con Amalec de generación en generación. (Éxodo 17:15-16)*

[10] *En ese día, el heredero del trono de David será estandarte de salvación para el mundo entero. Las naciones se reunirán junto a él, y la tierra donde vive será un lugar glorioso.*
(Isaías 11:10 NTV)

<u>*JEHOVÁ-MEKADDESH;*</u> significa el Señor que santifica. Es el Dios que santifica, separa, escoge, limpia, nos hace madurar y nos hace real sacerdocio como su propio pueblo. ¡Porque Escrito Está...!

¹³ «Dile al pueblo de Israel: "Cumplirán mis normas respetando el día de descanso ya que será una señal entre ustedes y yo, de generación en generación. Así sabrán que yo soy el SEÑOR, el que los santifica. (Éxodo 31:13 PDT)

¹⁵ Más bien, sean santos en todo lo que hacen, porque Dios, quien los llamó, es santo. ¹⁶ Pues está escrito: «Sean santos, porque yo soy santo». (1 Pedro 1:15 PDT)

¹² Por lo cual Jesús también sufrió la muerte fuera de la ciudad para purificar a su pueblo con su propia sangre. (Hebreos 13:12 PDT)

²³ Ahora, que el Dios de paz los haga santos en todos los aspectos, y que todo su espíritu, alma y cuerpo se mantenga sin culpa hasta que nuestro Señor Jesucristo vuelva. ²⁴ Dios hará que esto suceda, porque aquel que los llama es fiel. (1 Tesalonicenses 5:23-24 NTV)

JEHOVÁ-RAFA; significa el Señor sana. Dios, por medio de su hijo Jesús, ha provisto su sanidad divina para sanar todo en nosotros, sea en lo físico, en lo emocional o en lo espiritual. ¡Porque Escrito Está...!

²⁶ y dijo: Si oyeres atentamente la voz de Jehová tu Dios, e hicieres lo recto delante de sus ojos, y dieres oído a sus mandamientos, y guardares todos sus estatutos, ninguna enfermedad de las que envié a los egipcios te enviaré a ti; porque yo soy Jehová tu sanador. (Éxodo 15:26)

³ Él perdona todos mis pecados y sana todas mis enfermedades. (Salmo 103:3 NTV)

³ Él sana a los que tienen roto el corazón, y les venda las heridas. (Salmo 147:3 DHH)

⁵ Mas él herido fue por nuestras rebeliones, molido por nuestros pecados; el castigo de nuestra paz fue sobre él, y por su llaga fuimos nosotros curados.
(Isaías 53:5)

²⁴ quien llevó él mismo nuestros pecados en su cuerpo sobre el madero, para que nosotros, estando muertos a los pecados, vivamos a la justicia; y por cuya herida fuisteis sanados.
(1 Pedro 2:24)

JEHOVÁ-TSIDKENU; significa el Señor nuestra justicia es. Del linaje de David vino quien nos imparte justicia y su nombre es Jesús. ¡Porque Escrito Está...!

⁵ He aquí que vienen días, dice Jehová, en que levantaré a David renuevo justo, y reinará como Rey, el cual será dichoso, y hará juicio y justicia en la tierra. ⁶ En sus días será salvo Judá, e Israel habitará confiado; y este será su nombre con el cual le llamarán: Jehová, justicia nuestra.
(Jeremías 23:5-6)

¹⁶ En ese día Judá será salvo, y Jerusalén vivirá segura. Y este será su nombre: El SEÑOR es nuestra justicia".
(Jeremías 33:16 NTV)

²⁷ Pondré mi Espíritu en ustedes para que sigan mis decretos y se aseguren de obedecer mis ordenanzas.
(Ezequiel 36:27 NTV)

21 Al que no conoció pecado, por nosotros lo hizo pecado, para que nosotros fuésemos hechos justicia de Dios en él.
(2 Corintios 5:21)

EL-ELYÓN; significa el Dios Altísimo. Es, en el que podemos confiar plenamente, es el soberano que está por encima de todos los dioses. ¡Porque Escrito Está...!

19 y le bendijo, diciendo: Bendito sea Abram del Dios Altísimo, creador de los cielos y de la tierra; 20 y bendito sea el Dios Altísimo, que entregó tus enemigos en tu mano. Y le dio Abram los diezmos de todo. 21 Entonces el rey de Sodoma dijo a Abram: Dame las personas, y toma para ti los bienes. 22 Y respondió Abram al rey de Sodoma: He alzado mi mano a Jehová Dios Altísimo, creador de los cielos y de la tierra. (Génesis 14:19-21)

35 Entonces recordaron que Dios era su roca, que el Dios Altísimo era su redentor. (Salmo 78:35 NTV)

34 Mas al fin del tiempo yo Nabucodonosor alcé mis ojos al cielo, y mi razón me fue devuelta; y bendije al Altísimo, y alabé y glorifiqué al que vive para siempre, cuyo dominio es sempiterno, y su reino por todas las edades.
(Daniel 4:34)

17 .....¡Estos hombres son siervos del Dios Altísimo! ¡Les están diciendo cómo se pueden salvar! (Hechos 16:17 PDT)

EL-SHADDAI; significa el todo suficiente, Dios Todopoderoso, el Dios de las montañas. Él es la fuente inagotable de toda bendición. Solo Él, puede manejar todas nuestras situaciones, no hay un problema más grande que Él, créelo. ¡Porque Escrito Está...!

> *11 Entonces Dios dijo: «Yo soy El-Shaddai, "Dios Todopoderoso". Sé fructífero y multiplícate. Llegarás a formar una gran nación; incluso, de ti saldrán muchas naciones. ¡Habrá reyes entre tus descendientes!*
> *(Génesis 35:11 NTV)*

> *1 Era Abram de edad de noventa y nueve años, cuando le apareció Jehová y le dijo: Yo soy el Dios Todopoderoso; anda delante de mí y sé perfecto. (Génesis 17:1)*

> *3 Jacob le dijo a José: El Dios Todopoderoso se me apareció en la aldea de Luz, en la tierra de Canaán, y me bendijo.*
> *(Génesis 48:3 NTV)*

> *25 Que el Dios de tu padre te ayude; que el Todopoderoso te bendiga con bendiciones de los cielos de arriba, y con bendiciones de las aguas profundas de abajo, y con bendiciones de los pechos y del vientre.*
> *(Génesis 49:25 NTV)*

> *1 Señor mío, tú has sido nuestro refugio de generación en generación. 2 Tú ya eras Dios aun antes que las montañas se formaran y que crearas la tierra y el mundo. Tú eras y siempre serás Dios. (Salmo 90:2 PDT)*

JEHOVÁ-SHAMMAH: significa, el Señor está presente, Él es mi compañero. Su presencia es sin límite y tampoco está solo en templos hechos por manos de hombres. Está presente en cuanto lo reciban y le invoquen, ya que al recibir a Jesús como Salvador nos hace templo de su presencia. ¡Porque Escrito Está...!

³⁵ *En derredor tendrá dieciocho mil cañas. Y el nombre de la ciudad desde aquel día será Jehová-sama.*
(Ezequiel 48:35)

²⁰ *enseñándoles que guarden todas las cosas que os he mandado; y he aquí yo estoy con vosotros todos los días, hasta el fin del mundo. Amén . (Mateo 28:20)*

EL-OLAM; significa, el Dios eterno. El que lleva a cabo sus propósitos a través de las edades. ¡Porque Escrito Está...!

³³ *Luego Abraham plantó un tamarisco en Beerseba, y allí adoró al SEÑOR, Dios Eterno (El Olam).*
(Génesis 21:33)

²⁸ *¿No has sabido, no has oído que el Dios eterno es Jehová, el cual creó los confines de la tierra? No desfallece, ni se fatiga con cansancio, y su entendimiento no hay quien lo alcance. (Isaías 40:28)*

²⁰ *Pues, desde la creación del mundo, todos han visto los cielos y la tierra. Por medio de todo lo que Dios hizo, ellos pueden ver a simple vista las cualidades invisibles de Dios: su poder eterno y su naturaleza divina. Así que no tienen ninguna excusa para no conocer a Dios.*
(Romanos 1:20 NTV)

EMANUEL; Significa, Dios con nosotros, YO SOY. Jesús es Dios ABBA (Padre) en nosotros. En Él, habita corporalmente toda la plenitud de la deidad. ¡Porque Escrito Está...!

14 Por tanto, el Señor mismo os dará señal: He aquí que la virgen concebirá, y dará a luz un hijo, y llamará su nombre Emanuel (Dios con nosotros) (Isaías 7:14)

8 y pasando hasta Judá, inundará y pasará adelante, y llegará hasta la garganta; y extendiendo sus alas, llenará la anchura de tu tierra, oh Emanuel. 9 Reuníos, pueblos, y seréis quebrantados; oíd, todos los que sois de lejanas tierras; ceñíos, y seréis quebrantados; disponeos, y seréis quebrantados. 10 Tomad consejo, y será anulado; proferid palabra, y no será firme, porque Dios está con nosotros. (Isaías 8;8-10)

23 «¡Miren! ¡La virgen concebirá un niño! Dará a luz un hijo, y lo llamarán Emanuel, que significa "Dios está con nosotros"». (Mateo 1:23)

Estos son los nombres de ABBA (Padre), y son de mucha bendición para todos nosotros; cada uno de ellos nos brinda una gran revelación de su herencia divina. Así que empodérate de todos ellos y reclama tu herencia. Vamos atrévete a tomarlos con propósito y destino profético para ti y los tuyos.

Capítulo 8

Todo se alcanza en el nombre de Jesús

Todas y cada una de nuestras oraciones, peticiones y súplicas deben ser dirigidas al Padre por medio de su hijo amado Jesús. Cada vez que nos humillamos en su presencia y le adoramos, el Padre Celestial se inclinará a escuchar nuestros ruegos, a través de su amado hijo. ¡Porque Escrito Está...!

> *13 Y todo lo que pidiereis al Padre en mi nombre, lo haré, para que el Padre sea glorificado en el Hijo. 14 Si algo pidiereis en mi nombre, yo lo haré.*
> *(Juan 14:13-14)*

El orden establecido por Dios mismo es que si queremos llegar al Él, debe ser únicamente a través de su hijo, Jesús. No hay otro mediador entre Dios Padre y los hombres, solo es por medio de Jesús. ¡Porque Escrito Está...!

> *6 Jesús le dijo: Yo soy el camino, y la verdad, y la vida; nadie viene al Padre, sino por mí. (Juan 14:6)*

> *5 Porque hay un solo Dios, y un solo mediador entre Dios y los hombres, Jesucristo hombre. (1 Timoteo 2:5)*

Todas nuestras peticiones van dirigidas al Padre por medio de Jesús, las mismas serán contestadas por Él, conforme a su propósito. ¿Por qué muchas de nuestras oraciones no son contestadas? Esto es debido a que pedimos mal y como Él conoce nuestro destino profético y conoce las intenciones de nuestros corazones (mente) no las contesta. ¡Porque Escrito Está...!

> *3 Aun cuando se lo piden, tampoco lo reciben porque lo piden con malas intenciones: desean solamente lo que les dará placer. (Santiago 4:3)*

Cada vez que quieras alcanzar alguna meta, proyecto, estudios académicos, alguna profesión, ministerio, alguna posición de gobierno o algo que sabes bien que tienes los talentos para alcanzarlo, pide con fe a Dios Padre por medio de su hijo Jesús. Él va a interceder a tu favor y te dará la sabiduría para que alcances tus sueños, pero recuerda solo es por medio de Jesús. ¡Porque Escrito Está...!

⁵ Si necesitan sabiduría, pídansela a nuestro generoso Dios, y él se la dará; no los reprenderá por pedirla. ⁶ Cuando se la pidan, asegúrense de que su fe sea solamente en Dios, y no duden, porque una persona que duda tiene la lealtad dividida y es tan inestable como una ola del mar que el viento arrastra y empuja de un lado a otro.
(Santiago 1:5-6 NTV)

³⁴ ¿Quién es el que condenará? Cristo es el que murió; más aún, el que también resucitó, el que además está a la diestra de Dios, el que también intercede por nosotros.
(Romanos 8:34)

Cuando estemos pasando por cualquier tipo de enfermedad clamemos por sanidad, pero solo es por medio de Jesús, ya que fue por medio de Él que llegó nuestra sanidad divina. ¡Porque Escrito Está...!

⁵ Mas él herido fue por nuestras rebeliones, molido por nuestros pecados; el castigo de nuestra paz fue sobre él, y por su llaga fuimos nosotros curados.
(Isaías 55:5)

Cuando te sientas sin fuerzas, sin ganas de hacer nada, cuando desees rendirte, clama a Él y recibe nuevas fuerzas. ¡Porque Escrito Está...!

²⁸ Venid a mí todos los que estáis trabajados y cargados, y yo os haré descansar. (Mateo 11:28)

Todo mal pensamiento que pueda venir a tu mente, que trate de desviarte de tu propósito y destino profético debes de llevarlo cautivo a Jesús, ya que solo así podrás librarte de dicho pensamiento. ¡Porque Escrito Está...!

> *⁵ derribando argumentos y toda altivez que se levanta contra el conocimiento de Dios, y llevando cautivo todo pensamiento a la obediencia a Cristo,*
> *(2 Corintios 10:5)*

Todas y cada una de las cosas son posibles por medio de Jesús, ya que es por Él que se hacen posibles. La escritura está dirigida a alcanzar sus planes para con nosotros. Porque es Jesús quien nos da las fuerzas necesarias. ¡Porque Escrito Está...!

> *¹³ Todo lo puedo en Cristo que me fortalece.*
> *(Filipenses 4:13)*

Dios nos creó a su imagen y semejanza, según lo dice Génesis 2, pero para poder llegar a el Padre debemos aceptar al hijo como nuestro único Salvador. ¡Porque Escrito Está...!

> *⁸ Mas ¿qué dice? Cerca de ti está la palabra, en tu boca y en tu corazón. Esta es la palabra de fe que predicamos: ⁹ que si confesares con tu boca que Jesús es el Señor, y creyeres en tu corazón que Dios le levantó de los muertos, serás salvo.*
> *¹⁰ Porque con el corazón se cree para justicia, pero con la boca se confiesa para salvación.*
> *(Romanos 10:8-10)*

Y de esa manera nos convertimos en una nueva criatura, por medio de aceptar a Jesús como nuestro Salvador. Es ahí donde Jesús empieza a realizar cambios en nosotros por medio de su presencia y nos reconcilia con nuestro Padre. ¡Porque Escrito Está...!

17 De modo que si alguno está en Cristo, nueva criatura es; las cosas viejas pasaron; he aquí todas son hechas nuevas. 18 Y todo esto proviene de Dios, quien nos reconcilió consigo mismo por Cristo, y nos dio el ministerio de la reconciliación; 19 que Dios estaba en Cristo reconciliando consigo al mundo, no tomándoles en cuenta a los hombres sus pecados, y nos encargó a nosotros la palabra de la reconciliación. (2 Corintios 5:17-19)

Solamente debemos poner nuestra mirada en Él, de esa manera podremos alcanzar el gozo de saber que Jesús es y será siempre quien nos brindará nuestra posición en su reino. ¡Porque Escrito Está...!

2 Puestos los ojos en Jesús, el autor y consumador de la fe, el cual por el gozo puesto delante de él sufrió la cruz, menospreciando el oprobio, y se sentó a la diestra del trono de Dios. (Hebreos 12:2)

Cuando Jesús confronta la incredulidad lo hace con la única y exclusiva razón de glorificarse en nosotros. Él sabe que nos afectan las inseguridades e incredulidad. Mira lo que Jesús le dijo a María, hermana de Lázaro. ¡Porque Escrito Está...!

40 Jesús le dijo: ¿No te he dicho que si crees, verás la gloria de Dios? (Juan 11:40)

Tomemos la pronta decisión de creerle para vivir una vida de bendiciones dadas por Él. Al confesar a Jesús como nuestro Salvador ocurre algo en nuestras vidas, nuestro Padre Dios va a permanecer por medio de Él en nosotros. ¡Porque Escrito Está...!

15 Todo aquel que confiese que Jesús es el Hijo de Dios, Dios permanece en él, y él en Dios. (1 Juan 4:15)

Jesús es el único que nos mantiene ligado al Dios Padre. Él es nuestro eterno Pastor y nosotros sus ovejas; nada ni nadie nos separa de su amor y de su mano. ¡Porque Escrito Está...!

35 ¿Quién nos separará del amor de Cristo? ¿Tribulación, o angustia, o persecución, o hambre, o desnudez, o peligro, o espada? 36 Como está escrito: Por causa de ti somos muertos todo el tiempo; Somos contados como ovejas de matadero. 37 Antes, en todas estas cosas somos más que vencedores por medio de aquel que nos amó. 38 Por lo cual estoy seguro de que ni la muerte, ni la vida, ni ángeles, ni principados, ni potestades, ni lo presente, ni lo por venir, 39 ni lo alto, ni lo profundo, ni ninguna otra cosa creada nos podrá separar del

amor de Dios, que es en Cristo Jesús Señor nuestro.
(Romanos 8:35-39)

²⁸ y yo les doy vida eterna; y no perecerán jamás, ni nadie las arrebatará de mi mano. ²⁹ Mi Padre que me las dio, es mayor que todos, y nadie las puede arrebatar de la mano de mi Padre. ³⁰ Yo y el Padre uno somos.
(Juan 10:28-30)

Al estar dos o más reunidos en su nombre, Él se hace presente. Si esas personas están en la comunión del acuerdo y piden algo en su nombre, Él contestará la petición presentada delante de su presencia. ¡Porque Escrito Está...!

²⁰ Porque donde están dos o tres congregados en mi nombre, allí estoy yo en medio de ellos. (Mateo 18:20)

¹⁹ Otra vez os digo, que si dos de vosotros se pusieren de acuerdo en la tierra acerca de cualquiera cosa que pidieren, les será hecho por mi Padre que está en los cielos.
(Mateo 18:19)

No perdamos la gran oportunidad de recibir a Jesús como nuestro único Salvador, Él es quien nos llevará al Padre. Busquémosle mientras pueda ser hallado, acerquémonos al Él mientras está cercano. Hoy es el día de salvación, ¡busquémosle ya!
¡Porque Escrito Está...!

⁶ Buscad a Jehová mientras puede ser hallado, llamadle en tanto que está cercano. ⁷ Deje el impío su camino, y el hombre inicuo sus pensamientos, y vuélvase a Jehová, el cual tendrá de él misericordia, y al Dios nuestro, el cual será amplio en perdonar. (Isaías 55:6-7)

Solo es por medio de Jesús que la salvación llega a nuestras vidas. Gracias a su eterna gracia y misericordia tenemos la oportunidad de ser libres y salvos. ¡Porque Escrito Está...!

¹² Y en ningún otro hay salvación; porque no hay otro nombre bajo el cielo, dado a los hombres, en que podamos ser salvos. (Hechos 4:12)

Dios Padre nos ama tanto, que envió a su único hijo, el primogénito, quien abrió brecha por nosotros, quien dio su vida por nosotros para que por medio de Él tengamos vida y vida en abundancia. ¡Porque Escrito Está...!

¹⁶ Porque de tal manera amó Dios al mundo, que ha dado a su Hijo unigénito, para que todo aquel que en él cree, no se pierda, más tenga vida eterna. (Juan 3:16)
¹¹ Y el testimonio es este: que Dios nos ha dado vida eterna, y esa vida está en su Hijo. (1 Juan 5:11)

²³ Porque la paga del pecado es muerte, mientras que la dádiva de Dios es vida eterna en Cristo Jesús, nuestro Señor. (Romanos 6:23)

³ Y ésta es la vida eterna: que te conozcan a ti, el único Dios verdadero, y a Jesucristo, a quien tú has enviado. (Juan 17:3)

Este capítulo fue escrito con el único fin, de que al escudriñar las escrituras, podamos ver más de cerca cuan grande amor tiene nuestro Dios Padre por nosotros y cómo lo pone en manifiesto por medio de su hijo amado Jesús.

El mismo nos instruyó, nos dirigió, y nos llevó a poder recibir las riquezas de sus bendiciones a través de su hijo. Por tal razón, debemos apoderarnos de ellas para tener la confianza de lo que deseamos recibir. ¡Porque Escrito Está...!

¹⁶ Acerquémonos, pues, confiadamente al trono de la gracia, para alcanzar misericordia y hallar gracia para el oportuno socorro. (Hebreos 4:16)

Cuando se menciona el nombre de Jesús toda la tierra dobla sus rodillas, inclusive las mismas tinieblas. ¡Porque Escrito Está...!

¹⁰ para que se arrodillen ante Jesús todos los que están en el cielo, en la tierra y debajo de la tierra, ¹¹ y para que todos

reconozcan que Jesucristo es el Señor, dando así honra a
Dios Padre. (Filipenses 2:10-11 PDT)

El nombre de Jesús tiene poder, así como su poderosa sangre. Al recibir a Jesús como Salvador, ese poder es desatado en nosotros y lo vemos actuar con solo mencionar su nombre. ¡Porque Escrito Está...!

⁷ y poniéndoles en medio, les preguntaron: ¿Con qué
potestad, o en qué nombre, habéis hecho vosotros esto?
(Hechos 4:7)

¹⁰ sea notorio a todos vosotros, y a todo el pueblo de Israel,
que en el nombre de Jesucristo de Nazaret, a quien vosotros
crucificasteis y a quien Dios resucitó de los muertos, por él
este hombre está en vuestra presencia sano. ¹¹ Este Jesús es
la piedra reprobada por vosotros los edificadores, la cual ha
venido a ser cabeza del ángulo. ¹² Y en ningún otro hay
salvación; porque no hay otro nombre bajo el cielo, dado a
los hombres, en que podamos ser salvos.
(Hechos 4:10-12)

Les dejo plasmado varios versículos, los cuales ya fueron inspirados a ser escritos hace más de 2,000 años atrás por medio del Espíritu. Estos fueron revelados a hombres y mujeres guiados por su mismo Espíritu, dichos versículos nos instruirán. Utilízalos en todo momento como esa fuente de inspiración y de ayuda, sabiendo que es solo por medio de Jesús que alcanzamos todo lo que deseamos.

¿Estás listo? Recibe de parte de su amada presencia todas y cada una de sus Palabras, las cuales pondrás como un sello en tu corazón (mente), las declararás, decretarás y profetizarás en el nombre de Jesús. Estas se harán tangibles y palpables en su santo nombre. ¡Di conmigo un fuerte amén! ¡Si, así lo creo! ¡Porque Escrito Está...!

27 Entonces Jesús, mirándolos, dijo: Para los hombres es imposible, más para Dios, no; porque todas las cosas son posibles para Dios. (Mateo 10:27)

9 En esto Dios nos demostró su amor: en que envió a su único Hijo al mundo para que tuviéramos vida por medio de él. (1 Juan 4:9 PDT)

57 Mas gracias sean dadas a Dios, que nos da la victoria por medio de nuestro Señor Jesucristo. (1 Corintios 5:57 RVR1960)

38 Y el que no toma su cruz y sigue en pos de mí, no es digno de mí. (Mateo 10:38)
19 Mi Dios, pues, suplirá todo lo que os falta conforme a sus riquezas en gloria en Cristo Jesús. (Filipenses 4:19)
10 Porque somos hechura suya, creados en Cristo Jesús para buenas obras, las cuales Dios preparó de antemano para que anduviésemos en ellas.

(Efesios 2:10)

20De cierto, de cierto os digo: El que recibe al que yo enviare, me recibe a mí; y el que me recibe a mí, recibe al que me envió. *(Juan 13:20)*

14Y aquel Verbo fue hecho carne, y habitó entre nosotros (y vimos su gloria, gloria como del unigénito del Padre), lleno de gracia y de verdad. *(Juan 1:14)*

10Y luego, cuando subía del agua, vio abrirse los cielos, y al Espíritu como paloma que descendía sobre él. **11**Y vino una voz de los cielos que decía: Tú eres mi Hijo amado; en ti tengo complacencia. *(Marcos 1:10-11)*

18Y Jesús se acercó y les habló diciendo: Toda potestad me es dada en el cielo y en la tierra. **19**Por tanto, id, y haced discípulos a todas las naciones, bautizándolos en el nombre del Padre, y del Hijo, y del Espíritu Santo; **20**enseñándoles que guarden todas las cosas que os he mandado; y he aquí yo estoy con vosotros todos los días, hasta el fin del mundo. Amén. *(Mateo 28:18-20)*

31 "Pero estas se han escrito para que creáis que Jesús es el Cristo, el hijo de Dios, y para que, creyendo, tengáis vida en su nombre". *(Juan 20:31)*

1 "Justificados, pues, por la fe, tenemos paz para con Dios por medio de nuestro Señor Jesucristo". *(Romanos 5:1)*

9 "Y me ha dicho: Bástate mi gracia; porque mi poder se perfecciona en la debilidad. Por tanto, de buena gana me gloriare más bien en mis debilidades, para que repose sobre mí el poder de Cristo". *(2 Corintios 12:9)*

[1] "Si, pues, habéis resucitado con Cristo, buscad las cosas de arriba, donde esta Cristo sentado a la diestra de Dios". *(Colosenses 3:1)*

[14] Si esto es así, ¡cuánto más la sangre de Cristo, quien por medio del Espíritu eterno se ofreció sin mancha a Dios, purificará nuestra conciencia de las obras que conducen a la muerte, a fin de que sirvamos al Dios viviente! *(Hebreos 9:14 NTV)*

¡Vamos cantemos...!

Yo tengo un amigo que me ama, me ama, me ama, Yo tengo un amigo que me ama, su nombre es Jesús...

Cristo rompe las cadenas, Cristo rompe las cadenas, Cristo rompe las cadenas y nos da la libertad...

Hay poder, poder, sin igual poder, en Jesús, que murió y resucito. Hay poder, poder, sin igual poder, en la sangre que Él vertió...

Hay poder en el nombre de Cristo, hay poder, en el nombre de Cristo. Hay poder, en el nombre de Cristo para cadenas romper, cadenas romper, cadenas romper...

Capítulo 9

Espíritu Santo

Por medio de este capítulo deseo llevarles una mayor claridad de la tercera persona de la Deidad, encarnada en Jesús. Porque el Padre, el Hijo y el Espíritu Santo son uno solo, es lo que les expliqué en el primer capítulo. Donde pudimos ver que Dios (Padre) habla y dice: *Hagamos al hombre a imagen y semejanza nuestra.* Recordando que antes se movía el Espíritu de Jehová, pero que ahora lo conocemos como el Espíritu Santo. De esta forma nos da más claridad que desde el principio existía la Deidad en su máxima expresión. También lo podemos ver en el libro de Juan. ¡Porque Escrito Está...!

[26] *Entonces dijo Dios: Hagamos al hombre a nuestra imagen, conforme a nuestra semejanza; y señoree en los*

peces del mar, en las aves de los cielos, en las bestias, en toda la tierra, y en todo animal que se arrastra sobre la tierra. (Génesis 1:26)

[1] En el principio era el Verbo, y el Verbo era con Dios, y el Verbo era Dios. [2] Este era en el principio con Dios. (Juan 1:1-2)

Es aquí donde la Palabra fue inspirada por Dios para que se escribieran todas las cosas que pasarían en esta Tierra, antes que ocurrieran. La Palabra también nos confirma que Dios Padre, Dios hijo y Dios Espíritu Santo son uno, no solo por medio del Antiguo Testamento, sino por medio del Nuevo Testamento. ¡Porque Escrito Está...!

[16] Toda la Escritura es inspirada por Dios, y útil para enseñar, para redargüir, para corregir, para instruir en justicia. (2 Timoteo 3:16)

[10] Y luego, cuando subía del agua, vio abrirse los cielos, y al Espíritu como paloma que descendía sobre él. [11] Y vino una voz de los cielos que decía: Tú eres mi Hijo amado; en ti tengo complacencia. (Marcos 1:10-11)

[7] Porque tres son los que dan testimonio en el cielo: el Padre, el Verbo y el Espíritu Santo; y estos tres son uno. (1 Juan 5:7)

Si aún no tienes el conociemiento pleno de las palabras de Jesús cuando dijo que no nos dejaría solos en esta tierra, esta enseñanza va dirigida a ti. Porque nuestro Padre nunca ha querido que ninguno de sus hijos perezca por falta de conocimiento. ¡Porque Escrito Está...!

⁶ Mi pueblo fue destruido, porque le faltó conocimiento. Por cuanto desechaste el conocimiento, yo te echaré del sacerdocio; y porque olvidaste la ley de tu Dios, también yo me olvidaré de tus hijos. (Oseas 4:6)

Quiero que estés bien atento a lo que viene a continuación. Hubo una pareja, escogida por Dios (Padre), a quienes se le hizo una visita para darle una noticia inesperada. Y me refiero a una joven llamada María y a su prometido José.

A ellos les fue enviado un ángel (Gabriel) para que este les dijera que habían sido escogidos por Dios (Padre) y que tendrían un hijo, este llevaría por nombre Jesús. Hasta aquí se lee todo bien, porque es normal que se le diga a una pareja que van a ser padres, eso es genial y un motivo de celebración en circunstancias diferentes a las de ellos.

Pero esta pareja no estaba casada, y tampoco habían tenido intimidad, ya que María era virgen y José era un hombre justo. Y es aquí donde aparece en plena acción la tercera persona llamada Espíritu

Santo. Y el ángel le da la noticia a María de que había sido escogida y que concebiría por medio del Espíritu Santo. ¡Porque Escrito Está...!

26 Al sexto mes el ángel Gabriel fue enviado por Dios a una ciudad de Galilea, llamada Nazaret, 27 a una virgen desposada con un varón que se llamaba José, de la casa de David; y el nombre de la virgen era María. 28 Y entrando el ángel en donde ella estaba, dijo: !!Salve, muy favorecida! El Señor es contigo; bendita tú entre las mujeres. 29 Mas ella, cuando le vio, se turbó por sus palabras, y pensaba qué salutación sería esta. 30 Entonces el ángel le dijo: María, no temas, porque has hallado gracia delante de Dios. 31 Y ahora, concebirás en tu vientre, y darás a luz un hijo, y llamarás su nombre JESÚS. 32 Este será grande, y será llamado Hijo del Altísimo; y el Señor Dios le dará el trono de David su padre; 33 y reinará sobre la casa de Jacob para siempre, y su reino no tendrá fin. 34 Entonces María dijo al ángel: ¿Cómo será esto? pues no conozco varón. 35 Respondiendo el ángel, le dijo: El Espíritu Santo vendrá sobre ti, y el poder del Altísimo te cubrirá con su sombra; por lo cual también el Santo Ser que nacerá, será llamado Hijo de Dios. (Lucas 1:26-35)

José al ser tan justo y enterarse de que su prometida estaba embarazada planeó alejarse de ella y terminar su relación. Pero, mientras José dormía, se le apareció el mismo ángel que se le apareció a María y le dijo que no la abandonara ni la dejara sola. ¡Porque Escrito Está...!

> *20 Pero, cuando él estaba considerando hacerlo, se le aparecío en sueños un ángel del Señor y le dijo: «José, hijo de David, no temas recibir a María por esposa, porque ella ha concebido por obra del Espíritu Santo.» (Mateo 1:20)*

Aquí se nos revela un milagro sobrenatural, ya que para que naciera un hijo tenía que haber un contacto íntimo entre un hombre y una mujer, pero aquí sobrepasó todo entendimiento humano. Hoy día hay diferentes maneras para provocar que una mujer pueda quedar embarazada, por medio de tratamientos médicos. Pero este evento sobrenatural nada ni nadie lo puede superar, Dios es quien único lo puede hacer.

Mi anhelo es que puedas conocer a la tercera persona de la deidad, llamada Espíritu Santo. Mi oración es que recibas el conocimiento pleno de nuestro consolador, el Espíritu Santo.

Estando María embarazada fue de visita a la casa de Elizabeth, la cual también estaba embarazada del profeta Juan el Bautista y al ella saludar a Elizabeth fue llena del Espíritu Santo y su bebé también recibió la llenura del Espíritu Santo. ¡Porque Escrito Está...!

> *39 En aquellos días, levantándose María, fue de prisa a la montaña, a una ciudad de Judá; 40 y entró en casa de*

Zacarías, y saludó a Elisabeth. ⁴¹Y aconteció que cuando oyó Elizabeth la salutación de María, la criatura saltó en su vientre; y Elisabeth fue llena del Espíritu Santo, ⁴² y exclamó a gran voz, y dijo: Bendita tú entre las mujeres, y bendito el fruto de tu vientre. (Lucas 1:39-42)

¹⁵ Porque él será grande delante del Señor; no beberá ni vino ni licor, y será lleno del Espíritu Santo aun desde el vientre de su madre. (Lucas 1:15)

¿Por qué traigo este suceso en este capítulo? Porque Dios, sella desde el vientre de su madre, ha quienes ha destinado para cumplir su propósito y destino profético. Así ocurrió con Isaías, David, Jeremías, Juan el Bautista y Pablo, entre otros. ¡Porque Escrito Está...!

¹⁰ A ti fui entregado desde mi nacimiento; desde el vientre de mi madre tú eres mi Dios. (Salmo 22:10)

⁴ Vino, pues, palabra de Jehová a mí, diciendo: ⁵ Antes que te formase en el vientre te conocí, y antes que nacieses te santifiqué, te di por profeta a las naciones. (Jeremías 1:5)

⁵ Y ahora dice el SEÑOR (el que me formó desde el seno materno para ser su siervo, para hacer que Jacob vuelva a El y que Israel se reúna con El, porque honrado soy a los ojos del SEÑOR y mi Dios ha sido mi fortaleza), (Isaías 49:5 LBLA)

¹⁵ Pero cuando Dios, que me apartó desde el vientre de mi madre y me llamó por su gracia, tuvo a bien. (Gálatas 1:15)

26 Mas el Consolador, el Espíritu Santo, a quien el Padre enviará en mi nombre, él os enseñará todas las cosas, y os recordará todo lo que yo os he dicho. (Juan 14:26)

En la soberanía de Dios está la magnificencia de separarnos a cada uno de nosotros desde el mismo vientre. Es maravilloso saber que antes de que fuéramos creados, nuestros ojos lo vieron a Él primero. ¡Porque Escrito Está...!

16 Mi embrión vieron tus ojos, Y en tu libro estaban escritas todas aquellas cosas que fueron luego formadas, Sin faltar una de ellas. (Salmo 139:16)

Es necesario conocer más de lo que está escrito en la Biblia, no simplemente leerla, sino escudriñarla; esto nos llenará más de las riquezas espirituales en el pleno conocimiento de lo que se dijo y de lo que vivimos hoy. Solo recordemos algo, Dios es Soberano, ya plasmó todo lo que ocurriría en esta Tierra creada por Él mismo. Y hoy se nos es revelado por medio del Espíritu Santo. ¡Porque Escrito Está...!

39 Escudriñad las Escrituras; porque a vosotros os parece que en ellas tenéis la vida eterna; y ellas son las que dan testimonio de mí; (Juan 5:39)

39 Pero Dios nos las reveló a nosotros por el Espíritu; porque el Espíritu todo lo escudriña, aun lo profundo de Dios. (1 Corintios 2:10)

Amado lector, es para Él, un honor servirte, amarte, cuidarte y aun revelarte cada misterio que todavía no han sido revelados en su totalidad a todos nosotros, porque todo será dado a través de su Espíritu Santo. Y para recibirlo y vivirlo tenemos que llegar a los pies del Maestro de maestros, al Rey de reyes y Señor de señores y su nombre es Jesús. Nada se alcanza sino es por medio de Él. ¡Porque Escrito Está...!

⁶ para nosotros, sin embargo, sólo hay un Dios, el Padre, del cual proceden todas las cosas, y nosotros somos para él; y un Señor, Jesucristo, por medio del cual son todas las cosas, y nosotros por medio de él. (1 Corintios 8:6)

Luego de toda esta situación ocurrida con José y María, ellos salieron de Israel hacia Egipto, por orden del mismo Ángel Gabriel. Este les advirtió que Herodes había enviado un edicto ordenando la matanza de los niños menores de dos años, ya que los reyes de oriente no volvieron donde Herodes para decirle donde había nacido Jesús. ¡Porque Escrito Está...!

¹³ Después que partieron ellos, he aquí un ángel del Señor apareció en sueños a José y dijo: Levántate y toma al niño y a su madre, y huye a Egipto, y permanece allá hasta que yo te diga; porque acontecerá que Herodes buscará al niño para matarlo. (Mateo 2:13)

¹ Cuando Jesús nació en Belén de Judea en días del rey Herodes, vinieron del oriente a Jerusalén unos magos, ² diciendo: ¿Dónde está el rey de los judíos, que ha nacido? orque su estrella hemos visto en el oriente, y venimos a adorarle. ³ Oyendo esto, el rey Herodes se turbó, y toda Jerusalén con él. (Mateo 2:1-3)

¹⁶ Herodes entonces, cuando se vio burlado por los magos, se enojó mucho, y mandó matar a todos los niños menores de dos años que había en Belén y en todos sus alrededores, conforme al tiempo que había inquirido de los magos. (Mateo 2:16)

Juan era el hijo de Zacarías y Elizabeth, Dios lo escogió y lo nombró profeta, y fue utilizado para anunciar a todos que el Salvador vendría pronto. Este no predicaba en las ciudades, ni en sinagogas, ni templos, sino en los desiertos. Isaías profetizó, que él sería el que le abriría el camino a Jesús. ¡Porque Escrito Está...!

²³ Dijo: Yo soy la voz de uno que clama en el desierto: Enderezad el camino del Señor, como dijo el profeta Isaías. (Juan 1:23)

También quiero mencionarte que aquel bebé que fue lleno del Espíritu Santo por medio del saludo de María a Elizabeth el día que le visitó en su casa, era Juan el Bautista. Este creció y fue a llevar un mensaje muy claro a todo el mundo, el evangelio del arrepentimiento de todos los malos caminos. ¡Porque Escrito Está...!

1 En aquellos días vino Juan el Bautista predicando en el desierto de Judea, 2 y diciendo: Arrepentíos, porque el reino de los cielos se ha acercado. (Mateo 3:1-2)

Pero después que pasaron años y ocurrieron tales situaciones llegó el momento del bautismo de Jesús en el río Jordán donde estaba el profeta Juan el Bautista. Sí, el mismo que fue lleno del Espíritu Santo desde el vientre de su madre.

Pues el tiempo del bautismo de Jesús había llegado y sería Juan el Bautista quien tendría el honor de hacerlo, ya que primero fue Jesús quien bautizó a Juan desde el vientre de su madre con la llenura del Espíritu Santo y ahora venía el cumplimiento de la profecía de este momento para el comienzo del ministerio de Jesús. ¡Porque Escrito Está...!

29 El siguiente día vio Juan a Jesús que venía a él, y dijo: He aquí el Cordero de Dios, que quita el pecado del mundo. 30 Este es aquel de quien yo dije: Después de mí viene un

varón, el cual es antes de mí; porque era primero que yo. 31 Y
yo no le conocía; más para que fuese manifestado a Israel,
por esto vine yo bautizando con agua. 32 También dio Juan
testimonio, diciendo: Vi al Espíritu que descendía del cielo
como paloma, y permaneció sobre él. 33 Y yo no le conocía;
pero el que me envió a bautizar con agua, aquél me dijo:
Sobre quien veas descender el Espíritu y que permanece
sobre él, ése es el que bautiza con el Espíritu Santo. 34 Y yo
le vi, y he dado testimonio de que éste es el Hijo de Dios.
(Juan 1:29-34)

33 Yo mismo no lo conocía, pero el que me envió a bautizar con agua me dijo: "Aquel sobre quien veas que el Espíritu desciende y permanece, es el que bautiza con el Espíritu Santo". (Juan 1:33)

Tal vez podrías estar pensando, siento como que estoy leyendo esto como si fuera una historia y no una enseñanza como tal. Y es que, para poder conocer más al Espíritu Santo, tenemos que aprender cómo se manifestó desde el principio de todo. Debemos saber también cómo se mueve, cómo manifiesta su presencia y cómo saber que está con nosotros. ¡Porque Escrito Está...!

5 Y esta esperanza no nos defrauda, porque Dios ha derramado su amor en nuestro corazón por el Espíritu Santo que nos ha dado. (Romanos 5:5)

Cuando Jesús fue bautizado por Juan el Bautista a los 30 años, desde ese mismo momento en adelante, comenzó su propósito aquí en la Tierra. Pero Él, no fue directo a predicar o a libertar personas, el mismo Espíritu lo llevó directo al desierto para que fuera tentado por el enemigo de las almas, llamado el diablo.

Por tal razón, deseo que puedas recibir las riquezas espirituales que Jesús conquistó para todos nosotros en dicho desierto. ¡Porque Escrito Está...!

¹ Y JESUS, lleno del Espíritu Santo, volvió del Jordán, y fué llevado por el Espíritu al desierto. ² Por cuarenta días, y era tentado del diablo... (Lucas 4:1-2)

La primera tentación a Jesús en el desierto fue la necesidad de comida y de poner en duda su identidad de hijo, ya que había estado en ayuno durante 40 días. Debido a que tenía hambre, el enemigo utilizó esa misma necesidad para tentarlo. Para que cediera y renunciara a su propósito aquí en la Tierra, pero Jesús no cayó en esa tentación porque estaba lleno del Espíritu Santo. ¡Porque Escrito Está...!

² Después de no comer nada durante cuarenta días y cuarenta noches, Jesús tenía mucha hambre. ³ Entonces el

diablo vino para ponerlo a prueba y le dijo: —Si eres Hijo
de Dios, diles a estas piedras que se conviertan en pan.
(Mateo 4:2-3 PDT)

Es aquí donde recibimos la primera riqueza espiritual, en la conquista de su primera tentación: la necesidad física y el toque a su identidad. Jesús nos recuerda que Él venció la tentación de su necesidad física y nos fortaleció nuestra identidad como hijos. Jesús nos lleva a buscar, por medio de su Palabra, la revelación de que todas nuestras necesidades son suplidas por Él, y por medio de sus promesas. ¡Porque Escrito Está...!

[3] *En ese tiempo, el diablo se le acercó y le dijo: —Si eres el*
Hijo de Dios, di a estas piedras que se conviertan en
pan. [4] *Jesús le dijo: —¡No! Las Escrituras dicen: "La gente*
no vive solo de pan, sino de cada palabra que sale de la boca
de Dios" (Mateo 4:3-4 NTV)

Pero tal vez podamos tener preguntas como esta, ¿Cómo será posible que sea suplida mi necesidad con solo leer la Palabra? Es muy buena pregunta, y la misma Biblia nos la responde. ¡Porque Escrito Está...!

[19] *Y este mismo Dios quien me cuida suplirá todo lo que*
necesiten, de las gloriosas riquezas que nos ha dado por
medio de Cristo Jesús. (Filipenses 4:19 NTV)

Todo está basado en nuestra fe, y la misma hará que confiemos enteramente en Él y en sus promesas. No te digo que debes tener una súper fe, porque eso no es real. Pero al nosotros creer y tomar sus promesas, sin dudar de ellas, hará que todo lo que necesitemos nos sea suplido por su magnífico poder. Solo debemos de creer y dejar fuera de nuestra mente la incredulidad que nos tienta a dejar de creer. ¡Porque Escrito Está...!

23 Jesús le dijo: Si puedes creer, al que cree todo le es posible.
(Marcos 9:23)

Ahora, eso no terminó ahí, ya que Jesús tuvo otra tentación por el mismo enemigo y en esta ocasión le presentó el suicidio, ya que le dijo que se tirara de donde estaba y trató de utilizar la misma Palabra de Dios para que actuara. De esta forma, el enemigo ha querido seguir utilizando dicha tentación para que miles de personas se quiten la vida. ¡Porque Escrito Está...!

5 Después el diablo lo llevó a la santa ciudad, Jerusalén, al punto más alto del templo, 6 y dijo: —Si eres el Hijo de Dios, ¡tírate! Pues las Escrituras dicen: "Él ordenará a sus ángeles que te protejan. Y te sostendrán con sus manos para que ni siquiera te lastimes el pie con una piedra".
(Mateo 4:5-6 NTV)

La Palabra de Dios nos da las herramientas para vencer dicha tentación. Como somos hijos de Dios le vamos a citar la Palabra con poder, esto nos dará la victoria para vencer como Él la venció. ¡Porque Escrito Está...!

> *⁵ derribando argumentos y toda altivez que se levanta contra el conocimiento de Dios, y llevando cautivo todo pensamiento a la obediencia a Cristo. (2 Corintios 10:5)*

En la segunda tentación Jesús le contestó con toda autoridad, la misma que se nos ha sido entregada a todos sus hijos, y lo declaró fuerte. ¡Porque Escrito Está...!

> *⁷ Jesús le dijo: Escrito está también: No tentarás al Señor tu Dios. (Mateo 4:7)*

Jesús no tienta a nadie, porque Él no puede ser tentado por nada ni por nadie. Esa riqueza dada por nuestro Maestro la tenemos todos los que somos sus hijos. Vamos, apodérate de esas promesas que son dadas a todos los son hijos. ¡Porque Escrito Está...!

> *¹³ Cuando alguno es tentado, no diga que es tentado de parte de Dios; porque Dios no puede ser tentado por el mal, ni él tienta a nadie; ¹⁴ sino que cada uno es tentado, cuando*

de su propia concupiscencia es atraído y seducido.
(Santiago 1:13-14)

Cuando Cristo ya había vencido esas dos tentaciones, vino la tercera tentación. En esta le presentó los reinos del mundo para convencerlo de que tendría dominio terrenal y se podría posicionar como el máximo líder de todas las naciones.

Así mismo el enemigo quiere hacer con nosotros, presentarnos una mentira disfrazada de verdad para así hacernos caer en sus redes de maldad. Ya que el hombre ha querido tener dominio terrenal alejándose de su propósito divino. ¡Por qué Escrito Está...!

8 Otra vez le llevó el diablo a un monte muy alto, y le mostró todos los reinos del mundo y la gloria de ellos, 9 y le dijo: Todo esto te daré, si postrado me adorares. 10 Entonces Jesús le dijo: Vete, Satanás, porque escrito está: Al Señor tu Dios adorarás, y a él sólo servirás. (Mateo 4:8-10)

No permitas que lo que el mundo te presenta como supuestamente bueno, te desvié de tu propósito divino y del cumplimiento de tu destino profético. Hay caminos que parecen buenos, pero no lo son. ¡Porque Escrito Está...!

12 Hay camino que al hombre le parece derecho;
Pero su fin es camino de muerte. (Proverbios 14:12)

Como podemos ver el Espíritu Santo se glorificaba en cada proceso de Jesús en sus primeros pasos. Ahora los llevaré a que juntos veamos los diferentes momentos donde la manifestación del Espíritu Santo se vivió a flor de piel. Todas las cosas que hagamos y todo pecado que cometamos de los cuales nos arrepentimos, pidiéndole perdón a Dios en el nombre de Jesús, se nos serán perdonados, pero toda blasfemia contra el Espíritu Santo nunca nos será perdonadas por Dios. ¡Porque Escrito Está...!

31 Por tanto os digo: Todo pecado y blasfemia será
perdonado a los hombres; más la blasfemia contra el
Espíritu no les será perdonada. 32 A cualquiera que dijere
alguna palabra contra el Hijo del Hombre, le será
perdonado; pero al que hable contra el Espíritu Santo, no le
será perdonado, ni en este siglo ni en el venidero.
(Mateo 12:31-32)

Cuando aceptamos a Jesús como único y exclusivo Salvador pasamos hacer templo y morada del Espíritu Santo, por ende, somos sellados por Él al instante. Por tal razón, debemos conocerle más y como único lo podremos saber es a través de la lectura de la Biblia, orando y ayunando para someter nuestra carne al Espíritu y así saber cómo

Él se mueve en nosotros y por nosotros. ¡Porque Escrito Está...!

> *19 ¿No se dan cuenta de que su cuerpo es el templo del Espíritu Santo, quien vive en ustedes y les fue dado por Dios? Ustedes no se pertenecen a sí mismos, 20 porque Dios los compró a un alto precio. Por lo tanto, honren a Dios con su cuerpo. (1 Corintios 6:19-20)*

> *13 En él también vosotros, habiendo oído la palabra de verdad, el evangelio de vuestra salvación, y habiendo creído en él, fuisteis sellados con el Espíritu Santo de la promesa. (Efesios 1:13)*

Cristo les anunció a sus discípulos varias cosas que iban a ocurrirle, entre ellas que iba a morir, pero que el tercer día resucitaría. También les anunció que se tenía que ir para volver a donde estaba desde el principio, pero que no se quedarían solos porque Él iba a interceder al Padre para que enviara a otro llamado el Consolador (Espíritu Santo). ¡Porque Escrito Está...!

> *46 y les dijo: Así está escrito, y así fue necesario que el Cristo padeciese, y resucitase de los muertos al tercer día; 47 y que se predicase en su nombre el arrepentimiento y el perdón de pecados en todas las naciones, comenzando desde Jerusalén. 48 Y vosotros sois testigos de estas cosas. (Lucas 24:46-48)*

16 Y yo rogaré al Padre, y os dará otro Consolador, para que esté con vosotros para siempre:17 el Espíritu de verdad, al cual el mundo no puede recibir, porque no le ve, ni le conoce; pero vosotros le conocéis, porque mora con vosotros, y estará en vosotros. 18 No os dejaré huérfanos; vendré a vosotros.
(Juan 14:16-18)

Jesús les dijo a sus discípulos que no estarían huérfanos, ya que el Espíritu Santo les iba a enseñar todas las cosas y les haría recordar, por medio del Espíritu Santo, cada palabra que les había hablado en las cuales hoy todavía andamos sobre de ellas. Ya que las mismas son la base de nuestra fe. ¡Porque Escrito Está...!

26 Mas el Consolador, el Espíritu Santo, a quien el Padre enviará en mi nombre, él os enseñará todas las cosas, y os recordará todo lo que yo os he dicho. (Juan 14:26)

26 Pero cuando venga el Consolador, a quien yo os enviaré del Padre, el Espíritu de verdad, el cual procede del Padre, él dará testimonio acerca de mí. (Juan 15:26)

Fue por medio de Jesús que nos hizo pasar de ser creación de Dios, a hijos de Dios, ya que su nacimiento, su muerte y su resurrección nos hizo ser parte del Reino celestial por herencia de un justo llamado Jesús. Recordándoles que al ser llamados hijos recibimos su herencia, cuya herencia solo las recibimos los hijos y no la creación. ¡Porque Escrito Está...!

³ He aquí, herencia de Jehová son los hijos; Cosa de estima el fruto del vientre. (Salmo 127:3)

Dios no desea que seas solo su creación, sino que por medio de Cristo seas reconocido como hijo y seas sellados por el Espíritu Santo como parte de su promesa. El enemigo ha dirigido su ataque a nuestra mente para que estemos pensando que no tenemos padre, que somos huérfanos. Pero se equivocó, somos una creación de Él, que ha decidido pasar de nivel, ahora somos llamados hijos, por medio de Jesús.

Ahora, no somos esclavos, ya nacimos de nuevo, somos libres de toda esclavitud y sin ningún espíritu de orfandad, porque tenemos un Padre, nuestro ABBA (Padre). ¡Porque Escrito Está...!

¹⁴ Porque todos los que son guiados por el Espíritu de Dios, éstos son hijos de Dios. ¹⁵ Pues no habéis recibido el espíritu de esclavitud para estar otra vez en temor, sino que habéis recibido el espíritu de adopción, por el cual clamamos: !!Abba, Padre! ¹⁶ El Espíritu mismo da testimonio a nuestro espíritu, de que somos hijos de Dios. (Romanos 8:14-16)

Le doy gracias a Dios por su hijo Jesús y por dejarnos el Consolador, el Espíritu Santo, quienes nos hacen herederos del Padre y coherederos en Cristo Jesús como promesa perpetua. ¡Porque Escrito Está...!

17 Por ser hijos de Dios recibiremos las bendiciones que Dios tiene para su pueblo. Dios nos dará todo lo que le ha dado a Cristo, pero también tenemos que sufrir con él para compartir su gloria. (Romanos 8:17 PDT)

Tenemos la bendición de que, aun cometiendo algunos errores o horrores, el Padre no nos descalifica de poder recibir al Espíritu Santo. Así como nosotros tratamos de darle lo mejor a nuestros hijos, aun cometiendo faltas, cuanto más el Padre nos dará el Consolador si se lo pedimos. ¡Porque Escrito Está...!

13 Pues si ustedes, aun siendo malos, saben cómo darles cosas buenas a sus hijos, imagínense cuánto más dispuesto estará su Padre celestial a darles el Espíritu Santo a aquellos que le piden. (Lucas 11:13 PDT)

Cuando estamos pasando por procesos desiertos o por alguna prueba, solo debemos humillarnos a Dios pidiéndole que nos ayude para salir de cualquier situación y Él nos dará esa fuerza y Palabras para contestar y accionar en todo tiempo. Vamos, pidámosle al Espíritu Santo, quien nos dirigirá para que usemos las palabras correctas en cualquier situación en el nombre de Jesús. ¡Porque Escrito Está...!

¹¹ Cuando los arresten y lleven a juicio, no se preocupen por lo que van a decir. Sólo digan lo que Dios les dé para decir en ese momento. No serán ustedes los que estén hablando, sino el Espíritu Santo que hablará por ustedes.
(Marcos 13:11 PDT)

Jesús nos dejó como encomienda la gran comisión de que saliéramos a hacer discípulos a todas las naciones, y esta orden nos llevará a poder compartir las buenas nuevas del evangelio del reino que Él predicó y que se nos fue entregado a todos los que recibimos a Jesús como Salvador. ¡Porque Escrito Está...!

¹⁸ Jesús se acercó y dijo a sus discípulos: «Se me ha dado toda autoridad en el cielo y en la tierra. ¹⁹ Por lo tanto, vayan y hagan discípulos de todas las naciones, bautizándolos en el nombre del Padre y del Hijo y del Espíritu Santo. ²⁰ Enseñen a los nuevos discípulos a obedecer todos los mandatos que les he dado. Y tengan por seguro esto: que estoy con ustedes siempre, hasta el fin de los tiempos». (Mateo 28:18-20 NTV)

Unas de las palabras que hoy debemos atesorar es la que leerás a continuación, ya que la misma nos empodera de la autoridad delegada del Padre al

Hijo. Y el Hijo la desata ,por medio del Espíritu Santo, a todos los que somos llamados hijos por medio de recibirlo como Salvador. Y es el poder de su presencia para ser testigos de Jesús donde quiera que Él nos envíe. ¡Porque Escrito Está...!

8 pero recibirán poder cuando el Espíritu Santo descienda sobre ustedes; y serán mis testigos, y le hablarán a la gente acerca de mí en todas partes: en Jerusalén, por toda Judea, en Samaria y hasta los lugares más lejanos de la tierra.
(Hechos 1:8 NTV)

En un lugar donde Jesús le dijo que se reunieran y esperaran la promesa de que recibirían la llenura del Espíritu Santo, ocurrió un de repente de Dios, pues ellos se reunieron en el aposento alto. Allí había aproximadamente 120 personas unánimes en oración, clamando al Dios del cielo y esperando la promesa. ¡Porque Escrito Está...!

1 Cuando llegó el día de Pentecostés, todos estaban reunidos en un mismo lugar. 2 De repente, vino del cielo un ruido como de un viento muy fuerte, que llenó toda la casa. 3 Vieron algo parecido a llamas de fuego que se separaron y se colocaron sobre cada uno de los que estaban allí. 4 Todos quedaron llenos del Espíritu Santo y empezaron a hablar en diferentes idiomas por el poder que les daba el Espíritu.
(Hechos 2:1-4 PDT)

Ya para ese momento Jesús no estaba en la tierra físicamente, pero sus Palabras y sus promesas estaban y están para sus hijos, todos los días. Por tal razón, si todavía no has recibido tu promesa, espera en su de repente, si Él lo dijo, Él lo hará. No te desanimes, sigue creyendo, sigue esperando, continúa peleando la buena batalla de la fe. Vamos pa'lante. ¡Porque Escrito Está...!

¹ Pacientemente esperé a Jehová, Y se inclinó a mí, y oyó mi clamor. (Salmo 40:1)

¹² Pelea la buena batalla de la fe, echa mano de la vida eterna, a la cual asimismo fuiste llamado, habiendo hecho la buena profesión delante de muchos testigos. (1 Timoteo 6:12)

A raíz de la obediencia de sus discípulos, de esperar pacientemente el tiempo Kairós (tiempo de Dios), recibieron la promesa de ser llenos del Espíritu Santo. Esa llenura llega a todos nosotros a medida que aceptamos a Jesús como Salvador y esa acción nos abre la puerta para que sea derramada su presencia a causa de nuestra obediencia a Él. En la obediencia hay bendición. ¡Porque Escrito Está...!

³² Y nosotros somos testigos suyos de estas cosas, y también el Espíritu Santo, el cual ha dado Dios a los que le obedecen. (Hechos 5:32)

Es por medio del Espíritu Santo que su voz profética en la Tierra está, ya que el don de profecía, que solo lo da el Espíritu, a quien quiere dárselo, le revela lo que está ocurriendo o lo que va a ocurrir. Y es por medio de ese don profético que se mueve la voz de Dios en la tierra. Una de tantas maneras del Espíritu Santo manifestarse con poder es en lo profético. ¡Porque Escrito Está...!

> *² Un día, mientras ayunaban y adoraban al Señor, el Espíritu Santo dijo: «Aparten a Bernabé y a Saulo para que hagan el trabajo para el cual los he llamado».*
> *(Hechos 13:2 PDT)*

Y de hecho, las Sagradas Escrituras están llena de mucha palabra profética y de muchísimas promesas que son para los hijos de Dios, para todos los que toman la sabia decisión de recibir a Cristo como Salvador. No hay otra manera de llegar al padre, sino es por medio de Jesús. No la hay. ¡Porque Escrito Está...!

> *⁶ Jesús le dijo: Yo soy el camino, la verdad y la vida. Solamente por mí se llega al Padre. (Juan 14:6 PDT)*

De igual forma, tenemos en nuestras manos la riqueza de su sabiduría hace más de 2,000 años, la cual es su Palabra mejor conocida como Biblia. La misma nos da la poderosa revelación de lo que ocurrió, ocurre y ocurrirá en la Tierra. Este libro llamado Biblia es y será siempre el más anhelado en el mundo entero, ya que, al escudriñar sus enseñanzas, la misma nos dará esa poderosa sabiduría.

De hecho, la Biblia establece que Dios no hará nada sin revelarle primero a sus profetas, pues sabes que, ya la Biblia ha anunciado cada situación que ha ocurrido y ocurrirá. En la Biblia los profetas mayores y los profetas menores escribieron lo que les fue revelado por el Espíritu. Antes de leer y escudriñar la Biblia, pídele entendimiento y revelación al Señor, Él te la dará. ¡Porque Escrito Está...!

> [7] *De hecho, el Señor Soberano nunca hace nada sin antes revelar sus planes a sus siervos, los profetas. (Amós 3:7 NTV)*

> [45] *Entonces les abrió el entendimiento para que comprendieran las Escrituras, (Lucas 24:45 PDT)*

Por qué el plan divino del Padre es y ha sido guiarnos bajo su propósito y su voluntad, pero para así poder lograrlo necesita que nosotros nos dejemos guiar por el Espíritu Santo. Ya que siempre estará tocando a nuestra puerta, nuestro Dios es tan caballeroso, justo, amoroso y constante en nuestra búsqueda para que nos acerquemos al Él y Él se acercará a nosotros. ¡Porque Escrito Está...!

20 »¡Mira! Yo estoy a la puerta y llamo. Si oyes mi voz y abres la puerta, yo entraré y cenaremos juntos como amigos. (Apocalipsis 3:20 NTV)

8 Acérquense a Dios y él se acercará a ustedes. Quiten el pecado de su vida pecadores. Concentren su mente en Dios, ustedes que quieren seguir a Dios y al mundo. (Santiago 4:8 PDT)

Debemos estar gozosos, en la paz de Dios, ya que al creerle nos vamos a regocijar de su grandeza y su poder en la plena manifestación del Espíritu Santo en nuestras vidas. ¡Porque Escrito Está...!

13 Que Dios, quien da esperanza, los llene de toda alegría y paz a ustedes que tienen fe en él. Así tendrán tanta esperanza que llegará a otros por el poder del Espíritu Santo. (Romanos 15:13 PDT)

14 Porque todos los que son guiados por el Espíritu de Dios, éstos son hijos de Dios. (Romanos 8:14)

5 Esa esperanza no nos va a fallar porque Dios nos dio el Espíritu Santo, quien ha derramado el amor de Dios en nosotros. (Romanos 5:5 PDT)

El Espíritu Santo conoce todos nuestros pensamientos, nosotros somos templo de su presencia y esto nos hace saber que debemos estar en la comunión del acuerdo de nuestro espíritu con el Espíritu Santo. Y de esta forma vamos a entender cuál es la voluntad del Señor en nosotros al escuchar y entender su voz. ¡Porque Escrito Está...!

11 Nadie puede saber los pensamientos de los demás. El único que sabe los pensamientos de alguien es el espíritu que está dentro de él. Igualmente, nadie sabe los pensamientos de Dios sino el Espíritu de Dios. (1 Corintios 2:11 PDT)

En una de las cartas que el apóstol Pablo le envió a la Iglesia en Corinto les habla sobre cómo debemos de estar firme en la fe, ya que estamos ligados al Padre, a Cristo y al Espíritu Santo. No podemos hacer nada en contra de la verdad, debemos hacer todo lo que sea a favor de ella. Y al final les da una salutación que selló su enseñanza con la bendición apostólica. ¡Porque Escrito Está...!

8 Nosotros no podemos hacer nada que vaya en contra de la verdad. Sólo podemos hacer lo que está a favor de ella. (2 Corintios 13:8 PDT)

14 Que la misericordia del Señor Jesucristo, el amor de Dios y la presencia del Espíritu Santo estén siempre con todos ustedes. (2 Corintios 13:14 PDT)

Cuando hacemos algo que no le agrada al Espíritu Santo contristamos su presencia en nosotros. Es como un bebé en nosotros que es sensible, amoroso, atento, sentimental, entre otros atributos que tiene el Espíritu Santo. Y debemos cuidarnos continuamente de cómo nos expresamos, cómo actuamos y qué pensamos para no contristarlo. ¡Porque Escrito Está...!

29 No digan malas palabras. Al contrario, digan siempre cosas buenas, que ayuden a los demás a crecer espiritualmente, pues eso es muy necesario. 30 No haga que se ponga triste el Epíritu Santo, que es como un sello de identidad que Dios puso en ustedes, para reconocerlos cuando llegue el día en que para siempre serán liberados del pecado. (Efesios 4:29-30)

Jesús nos trajo la salvación de nuestras almas no por nuestras acciones o nuestras obras, sino por la misericordia que tiene hacia nosotros, la cual no merecíamos. ¡Porque Escrito Está...!

5 Él nos salvó gracias a su misericordia, no por algo bueno que hubiéramos hecho. Nos salvó lavándonos, dándonos una vida nueva al renovarnos por medio del Espíritu Santo. (Tito 3:5 PDT)

En cuanto al tema de lo profético deseo añadir que todo ese mover no viene por voluntad humana, sino que es traído bajo la revelación del Espíritu Santo, el cual usa a todos sus santos escogidos por Él para ser usados como su voz aquí en la Tierra.

Por eso, cuando llega dicha revelación a los santos lo primero que mencionan es lo siguiente: "así te dice el Señor", "así dice el Espíritu" o "Dios me está mostrando", es entonces que guiados por el Espíritu Santo dan la palabra y lo revelado por Él. Y de esta forma quien se lleva la gloria y el honor es Dios. ¡Porque Escrito Está...!

[21] *Ninguna profecía fue dicha por el impulso de algún hombre. Todo lo contrario, los profetas hablaron de parte de Dios, guiados por el Espíritu Santo. (2 Pedro 1:21 PDT)*

Bueno amado lector, ya finalizando este capítulo...!ahhhh!, en la Biblia hay más versículos que van ligados a esta enseñanza y que al escudriñarla, recibirás más revelación referente a cómo seguir conociendo al Espíritu Santo. Quiero dejarle con este versículo que sella dicha enseñanza. ¡Porque Escrito Está...!

[20] *Pero ustedes, queridos amigos, deben edificarse unos a otros en su más santísima fe, orar en el poder del Espíritu Santo* [21] *y esperar la misericordia de nuestro Señor*

Jesucristo, quien les dará vida eterna. De esta manera, se mantendrán seguros en el amor de Dios.
(Judas 1:20-21 NTV)

Gracias Jesús por dejarnos al Consolador, el cual nos hace un solo cuerpo por medio de su presencia en nosotros. Amantísima Deidad en ti estamos completos, en ti lo tenemos todo. ¡Te amamos!

¡Porque Escrito Está...!

Capítulo 10

Es cuestión de fe

En este capítulo estaremos estudiando y conociendo más de la palabra fe, la que nos llevará a creer más en Él. Al leer y escudriñar la Palabra de Dios vamos a hacer fortalecidos en nuestra fe en el Señor.

Todo lo que le pedimos al Padre debe de ser por medio de nuestra fe, nuestra fe es la que provoca que las cosas sucedan a nuestro favor. Debemos poner en acción nuestra fe, con esta será posible alcanzar y recibir todo lo que Dios tiene para nosotros. Recuerda que por la fe todo, pero todo, es posible. Debe ser una fe agradable a Él. ¡Porque Escrito Está...!

> *6 Nadie puede agradar a Dios si no tiene fe. Cualquiera que se acerque a Dios debe creer que Dios existe y que premia a los que lo buscan. (Hebreos 11:6 PDT)*

Uno de los grandes regalos que podemos recibir de parte de Dios es el don de fe, este regalo lo provee el Espíritu. No es que el Espíritu tenga favoritos, es que solo Él decide a quien regalárselo. Ahora, pida con fe sus promesas y Él, se las podría entregar para cumplir su propósito en esta tierra. ¡Porque Escrito Está...!

> *4 Hay distintas clases de dones espirituales, pero el mismo Espíritu es la fuente de todos ellos. (1 Corintios 12:4 NTV)*

> *7 A cada uno de nosotros se nos da un don espiritual para que nos ayudemos mutuamente. (1 Corintios 12:7 NTV)*

> *9 A otro el mismo Espíritu le da gran fe...*
> *(1 Corintios 12:9 NTV)*

Hablemos de la fe. Por años hemos escuchado esa simple palabra de dos letras, que se lee tan fácil y sencilla, pero que es poderosa y profunda cuando se escudriña bajo la dirección del Espíritu Santo. Esta palabra de dos letras nos hace fortalecer nuestra creencia en Jesús y nos lleva a firmar nuestra vida cristiana.

Ahora bien, hemos leído o escuchado un versículo que nos habla de la fe y nos explica dos pasos importantes; me refiero a Hebreos 11:1. ¡Porque Escrito Está...!

1 Es, pues, la fe la certeza de lo que se espera, la convicción de lo que no se ve. (Hebreos 11:1)

En este versículo se nos revela o se nos da la declaración de lo que es la fe, y no el significado de la palabra fe. Una cosa es la declaración de la fe y otra cosa es el significado de la fe. ¿Cuál es el significado de fe?, pues es el siguiente:

La fe es la creencia, confianza o asentimiento de una persona en relación con algo o alguien, y como tal, se manifiesta por encima de la necesidad de poseer evidencias que demuestren la verdad de aquello en lo que se cree. La palabra proviene del latín fides, que significa 'lealtad', 'fidelidad'.

Es por este significado de la palabra fe, que todos decimos o aceptamos que tenemos fe. Por ende, al tener claro dicho significado podemos declarar que es la certeza de lo que esperamos y la convicción de lo que no vemos. ¿Por qué digo esto? Porque al tener el significado y la proclamación claros podemos accionar así como accionó Abraham al seguir el llamado que Dios le dio. Y esta acción tomada sin dudar lo llevó a ser conocido como el padre de la fe. ¡Porque Escrito Está...!

11...Por eso Abraham es el padre de todos los que tienen fe aunque no estén circuncidados para que ellos también sean aprobados como lo fue él. (Romanos 4:11 PDT)

La palabra fe, es la que todos tenemos de continuo en nuestra boca, ya que la misma produce una convicción de que nuestro Dios contestará nuestras peticiones al clamar, pedir y buscar de su presencia al ser nacidos de Dios Padre. Y este nuevo nacimiento nos hace vencer al mundo por nuestra fe. ¡Porque Escrito Está...!

4 Porque todo lo que es nacido de Dios vence al mundo; y esta es la victoria que ha vencido al mundo, nuestra fe. (1 Juan 5:4)

Al aceptar a Jesús como nuestro único Salvador, nos conectamos con la fuente principal de la fe, y esa conexión, enriquece nuestra fe al escuchar su Palabra. ¡Porque Escrito Está...!

5 Dijeron los apóstoles al Señor: Auméntanos la fe. (Lucas 17:5)

17 Así que la fe viene por oír, es decir, por oír la Buena Noticia acerca de Cristo. (Romanos 10:17 NTV)

Cuando creemos de manera genuina lo que Jesús hizo por nosotros, tendremos paz en medio nuestro. Creer, junto a tener fe nos llevará a nuevos niveles que solo se consiguen en Jesús. ¡Porque Escrito Está...!

¹ Por lo tanto, ya que fuimos declarados justos a los ojos de Dios por medio de la fe, tenemos paz con Dios gracias a lo que Jesucristo nuestro Señor hizo por nosotros.
(Romanos 5:1 NTV)

Nuestra confianza todo el tiempo en Cristo Jesús hará crecer nuestra fe, la misma al ser genuina, nos permitirá vivir en plenitud y es por causa de nuestra fe en Él. ¡Porque Escrito Está...!

³⁸ Mas el justo vivirá por fe; Y si retrocediere, no agradará a mi alma. (Hebreos 10:38)

El don de la fe es un regalo maravilloso, poder creer sin ver, actuar sin ver, movernos no por nuestra vista, sino por la fe en la cual creemos, confiado en que Él vive en nosotros. Ya que solo es la fe la que nos tiene vivos. ¡Porque Escrito Está...!

⁶ Por eso siempre estamos confiados. Sabemos que mientras vivamos en esta carpa estaremos lejos de nuestro hogar con el Señor. ⁷ Pues vivimos por la fe y no por lo que vemos.
⁸ Tenemos confianza y preferimos dejar este cuerpo e ir a vivir en ese hogar con el Señor. (2 Corintios 5:6-8 PDT)

Unos de los tantos enemigos de nuestra fe es la incredulidad, esta nos hace desconfiar de lo que hemos recibido y creído. Otro es la duda, esta hasta nos puede hacer pensar que es mentira lo que leemos y lo que escuchamos de su Palabra y de sus promesas. No permitas que tu mente divague en las lagunas de los malos pensamientos, llévela cautiva a la obediencia en Cristo. ¡Porque Escrito Está...!

12 Por lo tanto, amados hermanos, ¡cuidado! Asegúrense de que ninguno de ustedes tenga un corazón maligno e incrédulo que los aleje del Dios vivo. (Hebreos 3:12 NTV)

24 Al instante el padre clamó: ¡Sí, creo, pero ayúdame a superar mi incredulidad! (Marcos 9:24 NTV)

*6 Cuando se la pidan, asegúrense de que su fe sea solamente en Dios, y no duden, porque una persona que duda tiene la lealtad dividida y es tan inestable como una ola del mar que el viento arrastra y empuja de un lado a otro.
(Santiago 1:6 NTV)*

*5 y acabamos con el orgullo que no le permite a la gente conocer a Dios. Así podemos capturar todos los pensamientos y hacer que obedezcan a Cristo.
(2 Corintios 10:5 PDT)*

Hay momentos en la vida que nuestra fe es probada como el oro. Jesús no tienta a nadie, porque Él no puede ser tentado. Pero hemos leído en la Biblia que la fe que se nos da, como un don preciado, es probada. Es aquí donde mucha gente se nos cae, por la razón que sea. Quiero que por medio de esta lectura te puedas fortalecer, aunque estés pasando una situación difícil, creo que vas a tener fe y saldrás de todo esto en victoria, en Cristo Jesús, Señor nuestro. Y dicha prueba producirá constancia en ti. ¡Porque Escrito Está...!

> *6 Así que alégrense de verdad. Les espera una alegría inmensa, aunque tienen que soportar muchas pruebas por un tiempo breve. 7 Estas pruebas demostrarán que su fe es auténtica. Está siendo probada de la misma manera que el fuego prueba y purifica el oro, aunque la fe de ustedes es mucho más preciosa que el mismo oro. Entonces su fe, al permanecer firme en tantas pruebas, les traerá mucha alabanza, gloria y honra en el día que Jesucristo sea revelado a todo el mundo... (1 Pedro 1:6-7 NTV)*

> *2 Hermanos míos, alégrense cuando tengan que enfrentar diversas dificultades. 3 Ustedes ya saben que así se pone a prueba su fe, y eso los hará más pacientes.*
> *(Santiago 1:2-3 PDT)*

Muchas veces le hemos pedido a Dios justicia, y a veces sentimos que no llega, que tal vez no nos escucha, y entramos un poco en desesperación al no recibir o ver respuesta a nuestras peticiones. Y decimos, yo tengo fe de que se va a hacer justicia, tengo fe, creo en ti Señor, ayúdame por favor. De hecho, en el evangelio se revela la justicia que proviene de Dios, la cual es por fe de principio a fin. ¡Porque Escrito Está...!

[17] Esa Buena Noticia nos revela cómo Dios nos hace justos ante sus ojos, lo cual se logra del principio al fin por medio de la fe. Como dicen las Escrituras: «Es por medio de la fe que el justo tiene vida» (Romanos 1:17 NTV)

Observemos lo siguiente, todos los que recibimos a Jesús como Salvador hemos sido llamado hijos. De igual forma, debemos ser bautizados, este es un sacramento que debemos cumplir. Él lo ordenó a sus discípulos por medio de la Gran Comisión dada por como ordenanza para dicho bautismo. Esto nos reviste de Cristo y todo ocurre a través de la fe. ¡Porque Escrito Está...!

[26] Pues todos ustedes son hijos de Dios por la fe en Cristo Jesús. [27] Y todos los que fueron unidos a Cristo en el bautismo se han puesto a Cristo como si se pusieran ropa nueva. (Gálatas 3:26-27 NTV)

[19] Por tanto, id, y haced discípulos a todas las naciones, bautizándolos en el nombre del Padre, y del Hijo, y del Espíritu Santo; [20] enseñándoles que guarden todas las cosas que os he mandado; y he aquí yo estoy con vosotros todos los días, hasta el fin del mundo. Amén. (Mateo 28:19-20)

Esto lo comparto porque la misma Biblia nos da el consejo de que nos mantengamos firmes y fuertes en nuestra fe, porque en los últimos tiempos muchos apostatarán de la fe y se desviaran a otras falsas creencias. ¡Porque Escrito Está...!

13 Estén alerta. Permanezcan firmes en la fe. Sean valientes. Sean fuertes. (1 Corintios 16:13 NTV)

1 El Espíritu Santo dice claramente que en los últimos tiempos algunos se apartarán de la fe, les harán caso a espíritus que mienten y seguirán enseñanzas de demonios. (1 Timoteo 4:1 PDT)

No estoy hablando de una súper fe, estoy hablando de una fe inquebrantable, una fe que nada ni nadie los pueda mover de creer lo que la Biblia dice, de una fe genuina, que no está basada en emociones, sino en convicción. Una fe que mueve montañas como dice la Biblia. La comparación que le da Jesús a la fe es con un grano de mostaza. ¡Porque Escrito Está...!

20 Ustedes no tienen la fe suficiente les dijo Jesús. Les digo la verdad, si tuvieran fe, aunque fuera tan pequeña como una semilla de mostaza, podrían decirle a esta montaña: "Muévete de aquí hasta allá", y la montaña se movería. Nada sería imposible. (Mateo 17:20 NTV)

Cuando se nos habla de fe, nos preguntamos, ¿como sé que tengo fe? o ¿cómo conozco qué es eso? Pues el deseo de Dios es que todos tengamos el pleno conocimiento de esta poderosa palabra de dos letras, que hace que recibamos todas sus promesas. Trataré de explicarte por medio de la palabra de Dios.

Observa, todo lo que hacemos o creemos, tiene que ver con fe, aun cuando planeamos algo para el otro día o para más tarde, está ligado a la fe. Porque nadie sabe lo que ocurrirá más tarde, o mañana, o el mes que viene, solamente Dios.

Todos planificamos, según nuestro entendimiento de que vamos a poder hacerlo, pero nadie sabe si lo podremos hacer o no, porque lo decimos por fe. Pregunto lo siguiente: ¿tenemos la revelación de lo que va a ocurrir mañana? No lo sabemos, a menos de que tengamos el don profético de parte de Dios. Pues aun no sabiendo, planificamos creyendo que lo haremos; eso aunque no lo entiendas es fe. Solo podremos recibir sus promesas por medio de la fe en Él. ¡Porque Escrito Está...!

> [16] *Por eso, la promesa de Dios se recibe por la fe para que la promesa sea un regalo de Dios. Así todos los descendientes de Abraham tienen la seguridad de recibirla; no sólo los que viven bajo la ley, sino también los que viven por la fe que tuvo Abraham. Él es el padre de todos nosotros.*
> (Romanos 4:16 PDT)

Ahora, ¿cómo podemos ver, recibir y vivir la fe que profesamos? Solo manteniendo puestas nuestras vidas y nuestras miradas en Jesús. Tal vez pienses, pero yo no veo a Jesús para seguirlo. Con solo abrir tus ojos cada mañana, verás que Jesús te dio una oportunidad más de vida, su misericordia te arropa cada día. ¡Porque Escrito Está...!

> [2] Fijemos nuestra mirada en Jesús, en quien la fe empieza y termina. En vez del gozo que podía haber tenido, sufrió la muerte en la cruz y aceptó la humillación como si no fuera nada. Después se sentó a la derecha del trono de Dios. [3] Si alguna vez se sienten desfallecidos y agobiados, piensen en Jesús, quien soportó pacientemente el maltrato de parte de los pecadores. (Hebreos 12:2-3 PDT)

Aun cuando pienses que Dios no te puede usar, ya sea por la edad que tienes o porque sientas que ya no tienes fuerzas para continuar, Dios te dice, que no ha terminado contigo todavía. Él desea usarte, quiere usarte y tiene planes para contigo. Vamos cree por fe que todavía hay oportunidad de ver lo que clamas.

Sabes una cosa!, Dios trajo una poderosa descendencia a través de unas personas a quienes les dio una promesa siendo muy adultos. Ellos se rieron. Tal vez ahora mismo te estés riendo por lo que acabas de leer aquí y puedas pensar, "pero si ya no tengo las fuerzas de antes, la edad adecuada, etc...." Que bueno que te ríes por esto, porque esa risa es la señal que todavía cargas la promesa en tu vientre espiritual y de ahí saldrá tu Isaac...recíbelo por fe y lo verás. ¡Porque Escrito Está...!

> ¹¹ *Por la fe Abraham, a pesar de su avanzada edad y de que Sara misma era estéril, recibió fuerza para tener hijos, porque consideró fiel al que le había hecho la promesa.*
> *(Hebreos 11:11 NVI)*

Él en su fidelidad y en su eterno pacto para con nosotros sigue estando vigente y todo se cumplirá en su tiempo Kairós (tiempo de Dios). Pero es nuestra fe, la que lo activa y lo desata para cumplir su propósito, cree por fe, pero haz la obra que te ordenó hacer y estas dos acciones van de la mano. ¡Porque Escrito Está...!

> ¹⁷ *Como pueden ver, la fe por sí sola no es suficiente. A menos que produzca buenas acciones, está muerta y es inútil. (Santiago 2:17 NTV)*

Debe haber una acción de nuestra parte para que los cielos se abran a favor de nosotros, tener fe y accionar por medio de ella, nos hace ver los milagros, prodigios y señales prometidos. Por tal razón, si deseas ver cosas que nunca has visto, tienes que hacer cosas que nunca has hecho. Así debe de ser. ¡Porque Escrito Está...!

> ¹⁴ *¿Alguno está enfermo? Que llame a los ancianos de la iglesia, para que vengan y oren por él y lo unjan con aceite en el nombre del Señor.* ¹⁵ *Una oración ofrecida con fe, sanará al enfermo, y el Señor hará que se recupere; y si ha cometido pecados, será perdonado. (Santiago 5:14-15 NTV)*

Pero mantengamos la mirada puesta en Jesús, solo es Él, quien puede y sigue haciendo de todo lo imposible, posible. Es Jesús, el que perfecciona nuestra fe, y es por medio de ella que nos hace sentar a su diestra. ¡Porque Escrito Está...!

[2] Esto lo hacemos al fijar la mirada en Jesús, el campeón que inicia y perfecciona nuestra fe. Debido al gozo que le esperaba, Jesús soportó la cruz, sin importarle la vergüenza que esta representaba. Ahora está sentado en el lugar de honor, junto al trono de Dios. (Hebreos 12:2 NTV)

Cuando digo que es cuestión de fe es porque todo lo que escuchamos de su Palabra, lo que leemos en su Palabra y lo que afirmamos por su Palabra nos hace victoriosos por nuestra fe, nos catapulta a recibir todas y cada una de sus promesas. ¡Porque Escrito Está...!

[17] Así que la fe viene por oír, es decir, por oír la Buena Noticia acerca de Cristo. (Romanos 10:17 NTV)

Todos tenemos situaciones a diario y vemos mucha de ellas como imposibles de superar, y nos llevan a dudar de nuestra fe. Pero estas situaciones no son para que perdamos el norte del propósito de Dios en nosotros, tenemos que pelear la buena batalla de nuestra fe. Él nos llamó para darnos la vida eterna a través de Jesús. Vamos, guerrero, recibes nuevas fuerzas en Cristo. ¡Porque Escrito Está...!

12 Mantener la fe es como una competencia. Haz todo lo posible por ganar la carrera y obtener la vida eterna. Dios te llamó para tener esa vida cuando declaraste la gran verdad de tu fe ante mucha gente.
(1 Timoteo 6:12 PDT)

Es por la gracia dada por Jesús que recibimos la salvación, es por nuestra fe que la aceptamos y esto nos es por medio de nosotros, sino por medio de Jesús. ¡Porque Escrito Está...!

8 Dios los salvó por su gracia cuando creyeron. Ustedes no tienen ningún mérito en eso; es un regalo de Dios. 9 La salvación no es un premio por las cosas buenas que hayamos hecho, así que ninguno de nosotros puede jactarse de ser salvo. (Efesios 2:8-9 NTV)

Debemos tener cuidado referente a los males que nos asechan, ya que estos nos pueden alejar de nuestra fe. Uno de tantos es el amor al dinero. Quiero que entiendan que el dinero es necesario para muchas cosas, pero el tenerlo como prioridad por encima de Dios nos desvía y nos aparta de nuestra fe en Jesús. Es un deber para todos los que escudriñamos las escrituras ver que Cristo Jesús nos da la alerta en referente al amor al dinero. ¡Cuidado! ¡Porque Escrito Está...!

> [10] *Pues el amor al dinero es la raíz de toda clase de mal; y algunas personas, en su intenso deseo por el dinero, se han desviado de la fe verdadera y se han causado muchas heridas dolorosas. (1 Timoteo 6:10 NTV)*

> [1] *Ahora bien, el Espíritu Santo nos dice claramente que en los últimos tiempos algunos se apartarán de la fe verdadera; seguirán espíritus engañosos y enseñanzas que provienen de demonios. (1 Timoteo 4:1 NTV)*

Nosotros los que creemos y profesamos la fe, debemos mantenernos firmes y constantes en dicha creencia. Ya que todos somos los instrumentos que Dios desea usar en estos últimos tiempos para traer nuevamente a los pies de Jesús los que se han desviado de la fe.

Nuestras oraciones van a ejercer esa acción en todos aquellos por los cuales oramos e intercedemos ante el Padre. Vamos, cree, profetiza y reclama por fe cada promesa dada por nuestro amado Jesús, y la manifestación del Espíritu Santo se hará notoria en dicha oración.

Cada milagro que Jesús hizo en la tierra, lo hizo a raíz de la fe que tenían aquellos enfermos que sanó. Ya que siempre Jesús les dijo a todos: "tu fe te ha salvado". Si miramos, veremos la acción provocada por la fe de ellos activada por medio de Jesús. ¡Porque Escrito Está...!

> [20] *Pero ustedes, estimados hermanos, fortalézcanse unos a otros en su fe santísima. Oren por medio del Espíritu Santo. [21] Permanezcan en el amor de Dios. Sigan recibiendo la misericordia de nuestro Señor Jesucristo hasta que los lleve a la vida eterna. (Judas 1:20-21 PDT)*

Incluso si observaba que la fe de otros hacia un enfermo era fuerte, Jesús sanaba al enfermo. ¡Porque Escrito Está...!

> [2] *Y sucedió que le trajeron un paralítico, tendido sobre una cama; y al ver Jesús la fe de ellos, dijo al paralítico: Ten ánimo, hijo; tus pecados te son perdonados. (Mateo 9:2)*

> [20] *Y he aquí una mujer enferma de flujo de sangre desde hacía doce años, se le acercó por detrás y tocó el borde de su manto; [21] porque decía dentro de sí: Si tocare solamente su manto, seré salva. [22] Pero Jesús, volviéndose y mirándola, dijo: Ten ánimo, hija; tu fe te ha salvado. Y la mujer fue salva desde aquella hora. (Mateo 9:20-22)*

> [28] *Entonces respondiendo Jesús, dijo: Oh mujer, grande es tu fe; hágase contigo como quieres. Y su hija fue sanada desde aquella hora. (Mateo 15:28)*

Estos son algunos testimonios bíblicos de tantos que encontraremos al escudriñar la Biblia. ¿Por qué es tan importante mencionarlos y escribirlos? Porque si Dios lo hizo en ese tiempo por la fe de ellos, cuanto no hará hoy. Ten puesta tu fe en Él, es el Dios de los milagros. ¡Aleluya! ¡Porque Escrito Está...!

22 Respondiendo Jesús, les dijo: Tened fe en Dios. 23 Porque de cierto os digo que cualquiera que dijere a este monte: Quítate y échate en el mar, y no dudare en su corazón, sino creyere que será hecho lo que dice, lo que diga le será hecho.
(Marcos 11:22-23)

A veces pasamos por situaciones que trastocan nuestra fe y es ahí donde nuestro maestro, Jesús, nos da la lección necesaria para aumentar nuestra fe. Solo es el maestro quien puede darle a un alumno la prueba de lo que ya enseñó dentro del salón de clases. Pero es responsabilidad del alumno estudiar y prestar atención a lo que el maestro enseña para que en el día de la prueba tenga buen resultado. Ahora, ¿qué pasa cuando tenemos la prueba de nuestra fe, y por no estar pendiente y no buscar lo que nos enseña el maestro nos caemos en la prueba? El maestro nos dirá, hombre de poca fe. ¡Porque Escrito Está...!

26 El les dijo: ¿Por qué teméis, hombres de poca fe? Entonces, levantándose, reprendió a los vientos y al mar; y se hizo grande bonanza. (Mateo 8:26)

Volviendo a las lecciones del maestro, veremos que tal vez le digamos auméntanos la fe y lo decimos porque lo necesitamos, ya que al ser probada nuestra fe en diferentes áreas y en diferentes momentos de nuestras vidas eso es lo que le solicitamos a nuestro gran maestro, Jesús. ¡Porque Escrito Está...!

5 Dijeron los apóstoles al Señor: Auméntanos la fe. (Lucas 17:5)

Hay personas que tienen que ver las cosas más directas para creer y tener fe; hasta que nos las ven realizarse no lo creen. Esto pasó con uno de los discípulos de Cristo, quien luego de verlo resucitado dudo de que era Él. Por tal razón, los que tenemos fe, creemos sin ver, porque recuerden, la proclamación de nuestra fe es la certeza de lo que espero y la convicción de lo que no veo. ¡Porque Escrito Está...!

24 Pero Tomás, uno de los doce, llamado Dídimo, no estaba con ellos cuando Jesús vino. 25 Le dijeron, pues, los otros discípulos: Al Señor hemos visto. El les dijo: Si no viere en sus manos la señal de los clavos, y metiere mi dedo en el lugar de los clavos, y metiere mi mano en su costado, no

creeré. [26] Ocho días después, estaban otra vez sus discípulos dentro, y con ellos Tomás. Llegó Jesús, estando las puertas cerradas, y se puso en medio y les dijo: Paz a vosotros.
[27] Luego dijo a Tomás: Pon aquí tu dedo, y mira mis manos; y acerca tu mano, y métela en mi costado; y no seas incrédulo, sino creyente. [28] Entonces Tomás respondió y le dijo: !!Señor mío, y Dios mío! [29] Jesús le dijo: Porque me has visto, Tomás, creíste; bienaventurados los que no vieron, y creyeron. (Juan 20:24-29)

Para terminar... ¡ahhhh! Deseo con todo el corazón que haga suya la fe sin dudar, sin incredulidad y sin fluctuar, ya que la misma nos hará ver con los ojos espirituales lo que los ojos carnales no ven. Ten fe y moverás montañas, en el nombre de Jesús. ¡Porque Escrito Está...!

[20] ...diréis a este monte: Pásate de aquí allá, y se pasará; y nada os será imposible. (Mateo 17:20)

Capítulo 11

Solo cree

La segunda actitud necesaria e importante en la vida de todo creyente es el creer, porque es una de las llaves que se nos entregó para recibir todo lo que anhelamos. Es por medio de nuestra creencia que provocamos que el cielo se mueva a nuestro favor.

Solo es al creer que podemos ver todas y cada una de sus promesas que están escritas en su Palabra hace más de dos mil años y que todavía están vigentes para todos sus hijos.

El significado de la palabra creer, según la Biblia es el siguiente: <u>considerar algo como verdadero o cierto.</u>

Por tal razón, para todos los que seguimos a Jesús, es de suma importancia creer en Él. Pues Él hará, todo lo que prometió hacer y cumplirá con todos y cada uno de sus pactos.

Cuando Dios Padre se encarnó en Cristo Jesús, porque el verbo se hizo carne para venir a vivir, morir y resucitar por todos nosotros, nos demostró cuanto nos ama. ¡Porque Escrito Está...!

> 16 »Dios amó tanto al mundo que dio a su Hijo único para que todo el que <u>crea</u> en él no se pierda, sino que tenga vida eterna. (Juan 3:16 PDT)

Esta escritura inicial que acabamos de leer debe ser para todos nosotros, los hijos de Dios, la base principal de nuestra fe, creencia y firmeza. ¿Por qué lo digo? Porque nuestro Padre Dios al crearnos creyó en todos nosotros, porque nos creó a su misma imagen. Y como Él no tiene amor, porque Él es amor, vino a esta tierra a pasar todo lo que pasó por amor a nosotros. ¡Porque Escrito Está...!

> 7 Amados, amémonos unos a otros; porque el amor es de Dios. Todo aquel que ama, es nacido de Dios, y conoce a Dios. 8 El que no ama, no ha conocido a Dios; porque Dios es amor. 9 En esto se mostró el amor de Dios para con nosotros, en que Dios envió a su Hijo unigénito al mundo, para que vivamos por él. (1 Juan 4:7-9)

Cuando escudriñamos las escrituras podemos ver cómo la incredulidad atormentó al pueblo de Israel en muchas ocasiones. Fue tanto así, que no le creían a Moisés que había sido enviado por Dios a libertar a Israel de la esclavitud en Egipto. Cuando Moisés llegaba a dar las buenas nuevas de Dios el pueblo no le creía. ¡Porque Escrito Está...!

> *13 Pero Moisés volvió a protestar: Si voy a los israelitas y les digo: "El Dios de sus antepasados me ha enviado a ustedes", ellos me preguntarán: "¿Y cuál es el nombre de ese Dios?". Entonces, ¿qué les responderé? (Éxodo 3:13 NTV)*

> *1Sin embargo, Moisés protestó de nuevo: ¿Qué hago si no me creen o no me hacen caso? ¿Qué hago si me dicen: "El SEÑOR nunca se te apareció"? (Éxodo 4:1 NTV)*

Pero qué pasa, eso hoy en día le ocurre a los que somos llamados hijos de Dios y a la creación de Dios también, ya que a raíz de esa generación de incredulidad hoy todavía sigue afectándonos. ¡Porque Escrito Está...!

> *14 Sin embargo, los israelitas no quisieron escuchar. Fueron tan tercos como sus antepasados, quienes se negaron a creer en el SEÑOR su Dios. (2 Reyes 17:14 NTV)*

Por eso cuando Dios le habló y le reveló al profeta Isaías la incredulidad del pueblo de Israel, le ordenó que fuera a decirle que creyeran en Él, porque no había un Dios como Él y nunca lo habrá. ¡Porque Escrito Está...!

> *10 «Pero tú eres mi testigo, oh Israel dice el SEÑOR, tú eres mi siervo. Tú has sido escogido para conocerme, para creer*

en mí y comprender que solo yo soy Dios. No hay otro Dios;
nunca lo hubo y nunca lo habrá. [11] Yo, sí, yo soy el
Señor, y no hay otro Salvador. (Isaías 43:10-11 NTV)

Ahora, si seguimos más adelante la misma escritura nos lleva por diferentes momentos que el no creer en Dios, fue la orden del día. Y esa incredulidad hizo cometer muchos errores al pueblo de Dios. Fue tanto así que al llegar Jesús a la Tierra tampoco los mismos de Él no creían ni lo reconocían y lo rechazaron. ¡Porque Escrito Está...!

[10] Vino al mismo mundo que él había creado, pero el mundo
no lo reconoció. [11] Vino a los de su propio pueblo, y hasta
ellos lo rechazaron; [12] pero a todos los que creyeron en él y lo
recibieron, les dio el derecho de llegar a ser hijos de Dios.
[13] Ellos nacen de nuevo, no mediante un nacimiento físico
como resultado de la pasión o de la iniciativa humana, sino
por medio de un nacimiento que proviene de Dios.
(Juan 1:10-13 NTV)

Puede haber diferentes motivos y razones para no creer, ya que todos nosotros pensamos y vemos las cosas diferentes a los demás; cada situación por las que pasamos prueba en lo que se puede creer y en lo que no. Pues, Jesús pasó por las mismas situaciones que tú y yo, los suyos no le creyeron, los allegados a Él tampoco le creyeron.

Observemos lo siguiente, cuando Jesús comenzó su ministerio aquí en la Tierra se movía en el área donde nació, pero allí no hizo ningún milagro porque no le creían. ¡Porque Escrito Está...!

> *⁵³ Cuando Jesús terminó de contar esas historias e ilustraciones, salió de esa región. ⁵⁴ Regresó a Nazaret, su pueblo. Cuando enseñó allí en la sinagoga, todos quedaron asombrados, y decían: «¿De dónde saca esa sabiduría y el poder para hacer milagros?». ⁵⁵ Y se burlaban: «No es más que el hijo del carpintero, y conocemos a María, su madre, y a sus hermanos: Santiago, José, Simón y Judas. ⁵⁶ Todas sus hermanas viven aquí mismo entre nosotros. ¿Dónde aprendió todas esas cosas?». ⁵⁷ Se sentían profundamente ofendidos y se negaron a creer en él. Entonces Jesús les dijo: «Un profeta recibe honra en todas partes menos en su propio pueblo y entre su propia familia». ⁵⁸ Por lo tanto, hizo solamente unos pocos milagros allí debido a la incredulidad de ellos. (Mateo 13:53-58 NTV)*

Por eso, cuando Dios empieza a hacer cambios en nuestras vidas los primeros que no creerán en ti son los más cercanos a ti, tus amigos y familiares. Pero no te detengas, sigue hacia adelante, ya que aunque no crean en ti, verán más adelante los frutos que darás en el Señor y eso los llevará a creer en Aquel al quien tú sirves, a Jesús.

En un momento del crecimiento de Jesús, María, su madre y José fueron a una fiesta de las Pascuas en Jerusalén, Jesús tenía 12 años. Al terminar la fiesta ellos salieron de vuelta a su casa con todo el grupo, pero no se dieron cuenta de que Jesús no estaba con ellos. Luego de un día de camino se dieron cuenta y fueron a buscarlo. Lo encontraron al tercer día en el templo. ¡Porque Escrito Está...!

46 Después de tres días lo encontraron en el área del templo, sentado con los maestros. Los estaba escuchando y les hacía preguntas. (Lucas 2:46 PDT)

¿Por qué les traigo este suceso en este capítulo? Por la sencilla razón de que aun los mismos que estaban encargados de cuidarlo no habían creído que Él era el salvador del mundo. Ya que le reclamaron el porqué se había quedado en la ciudad y no se había ido con ellos. ¡Porque Escrito Está...!

48 Cuando le vieron, se sorprendieron; y le dijo su madre: Hijo, ¿por qué nos has hecho así? He aquí, tu padre y yo te hemos buscado con angustia. (Lucas 2:48)

Ahora, la contestación de Jesús fue lo que les hizo caer las vendas de incredulidad a sus encargados. Los dejó pensativos y su madre reflexionaba lo acontecido. ¡Porque Escrito Está...!

*49 Jesús les contestó: ¿Por qué tenían que buscarme? ¿No sabían que tengo que ocuparme de los asuntos de mi Padre? 50 **Pero no entendieron su respuesta.** 51 Después regresaron a Nazaret. Jesús les obedecía a ellos. **Su mamá reflexionaba sobre todo lo que había pasado.** (Lucas 2:49-50 PDT)*

Desde ese momento, María comenzó a entender el mensaje del ángel Gabriel cuando le dijo que tendría un hijo y se llamaría Jesús, y este sería quien transformaría por medio de su reinado a toda la creación de Dios. ¡Porque Escrito Está...!

29 Pero lo que dijo el ángel la dejó muy confundida y se preguntaba qué podría significar esto. 30 El ángel le dijo: No tengas miedo, María, porque Dios está contento contigo. 31 ¡Escúchame! Quedarás embarazada y tendrás un hijo a quien le pondrás por nombre Jesús. 32 Tu hijo será un gran hombre, será llamado el Hijo del Altísimo y el Señor Dios lo hará rey, como a su antepasado David. 33 Reinará por siempre sobre todo el pueblo de Jacob y su reinado no tendrá fin. (Lucas 1:29-33 PDT)

Con solo creer este suceso les hizo caer en cuenta que desde ese momento había comenzado el propósito de Jesús aquí en la tierra. Eso significa que en ti y en los tuyos se activará el propósito también al creer. Por medio de tu nacimiento espiritual al recibir a Jesús como Salvador eres una nueva criatura. El cumplimiento de tu destino profético solo ocurrirá si lo crees. ¡Porque Escrito Está...!

17 Por lo tanto, si alguien está unido a Cristo, es una nueva creación. ¡Lo viejo ha quedado atrás y lo nuevo ha llegado! (2 Corintios 5:17 PDT)

Por tal razón, solo debemos creer que Jesús estará haciendo los cambios y las transformaciones que sean necesarias en nuestras vidas con el único propósito de que su Gloria sea puesta en manifiesto, por medio de nosotros aquí en la Tierra. Al creer en Él, todo será posible, si no dudas. ¡Porque Escrito Está...!

23 ¿Cómo que "si puedo"? preguntó Jesús. Todo es posible si uno cree. 24 Al instante el padre clamó: ¡Sí, creo, pero ayúdame a superar mi incredulidad!
(Marcos 9:23-24 NTV)

23 Jesús le dijo: Si puedes creer, al que cree todo le es posible. 24 E inmediatamente el padre del muchacho clamó y dijo: Creo; ayuda mi incredulidad. (Marcos 9:23-24)

La Biblia relata muchas cosas referentes al creer y al no creer, es tanto así que hubo un hombre que a causa de su edad y el esperar tantos años por la promesa y el cumplimiento de poder tener un hijo, ya no creía y debido a su incredulidad quedó mudo por un tiempo. ¡Porque Escrito Está...!

11 Y se le apareció un ángel del Señor puesto en pie a la derecha del altar del incienso. 12 Y se turbó Zacarías al verle, y le sobrecogió temor. 13 Pero el ángel le dijo: Zacarías, no temas; porque tu oración ha sido oída, y tu mujer Elisabet te dará a luz un hijo, y llamarás su nombre Juan. (Lucas 1:11-13)

18 Dijo Zacarías al ángel: ¿En qué conoceré esto? Porque yo soy viejo, y mi mujer es de edad avanzada. 19 Respondiendo el ángel, le dijo: Yo soy Gabriel, que estoy delante de Dios; y he sido enviado a hablarte, y darte estas buenas nuevas. [20] Y ahora quedarás mudo y no podrás hablar, hasta el día en que esto se haga, por cuanto no creíste mis palabras, las cuales se cumplirán a su tiempo. (Lucas 1:18-20)

Esto me hace pensar que tal vez hay momentos en nuestras vidas que al orar al Señor y no ver tan rápido nuestras oraciones contestadas nos ataque la incredulidad de no poder creer en sus promesas. Este pensamiento nos hace quedar mudos por un tiempo. Y esa es la puerta que le abrimos en nuestras mentes a la duda y la incredulidad para que ponga todo tipo de pensamiento tales como: "ya no se va a poder", "ya pasó mucho tiempo", "esto no va a cambiar", "todo sigue igual", "para qué seguir orando". Y es ahí donde nos quedamos mudos y no volvemos a hablar del tema y ni tampoco se lo pedimos nuevamente a Dios.

No podemos dejar de orar, de tener fe y creer, esto es lo que nos mantiene hoy en día con ganas de seguir en este mundo tan difícil. Solo cree, solo cree y verás que cada una de sus promesas se harán realidad en ti y en los tuyos. Porque sus pensamientos son más que los nuestros. ¡Porque Escrito Está...!

[8] *«Mis pensamientos no se parecen en nada a sus pensamientos dice el SEÑOR. Y mis caminos están muy por*

encima de lo que pudieran imaginarse. ⁹ Pues así como los
cielos están más altos que la tierra, así mis caminos están
más altos que sus caminos y mis pensamientos, más altos
que sus pensamientos. (Isaías 55:8-9 NTV)

Por eso es muy importante creer en quien vino a salvarnos y su nombre es Jesús. No hay otro en quien debemos de creer. Si creemos en Él, tendremos la vida eterna. ¡Porque Escrito Está...!

⁴⁷ De cierto, de cierto os digo: El que cree en mí, tiene vida
eterna. (Juan 6:47)

²⁵ Jesús le dijo: Yo soy la resurrección y la vida. El que cree
en mí, aunque muera, vivirá. ²⁶ Si alguien vive y cree en mí,
realmente no morirá jamás. ¿Crees esto? ²⁷ ¡Sí, Señor! Creo
que tú eres el Mesías, el Hijo de Dios, que iba a venir al
mundo. (Juan 11:25-27 PDT)

³⁶ Los que creen en el Hijo de Dios tienen vida eterna. Los
que no obedecen al Hijo nunca tendrán vida eterna, sino que
permanecen bajo la ira del juicio de Dios. (Juan 3:36 NTV)

Una de las cosas que debemos entender es que todavía ninguno ha llegado a la perfección, vamos camino a ella. Por tal razón, no estamos exentos a que nos sucedan situaciones. Las cuales venceremos en Cristo Jesús Señor nuestro, solo Él nos puede ayudar; cuando creemos esto nos dará ese bálsamo necesario para continuar. Vamos, es tiempo de movernos y levantar a Jesús, quien está en nuestra barca, Él calmará la tempestad. ¡Porque Escrito Está...!

> *23 Jesús subió a la barca y sus seguidores lo acompañaron.*
> *24 Entonces se desató una gran tormenta y las olas estaban cubriendo la barca, pero Jesús estaba durmiendo.*
> *25 Entonces los seguidores se acercaron, lo despertaron y le dijeron: ¡Señor, sálvanos! ¡Nos estamos ahogando! 26 Él les dijo: ¿Por qué son tan cobardes, hombres de poca fe? Jesús se levantó y regaño a los vientos y al mar; y todo quedó en gran calma. 27 **Ellos no lo podían creer** y decían: ¿Quién es este hombre que hasta el viento y las olas lo obedecen?*
> *(Mateo 8:23-27 PDT)*

Para poder ver, solo tenemos que creer, porque nuestras victorias se alcanzan por la fe y por creer en Él. No podemos decir que creemos solo cuando vemos, ya que así no trabaja la fe. Jesús nos enseñó, a que no podemos basar nuestra fe y creencia en solo ver, ya que el día que no veamos nada, dejaremos de creer. ¡Porque Escrito Está...!

> *17 ...y llama las cosas que no son, como si fuesen.*
> *(Romanos 4:17)*

> *48 Jesús le preguntó: ¿Acaso nunca van a creer en mí a menos que vean señales milagrosas y maravillas? (Juan 4:48 NTV)*

Por eso es importante que todos y creamos que Él es real, que nos enamoremos más de Jesús, no de sus milagros. Aunque pases por adversidades tienes que creer firmemente que tú y tu familia reciben la salvación. ¡Porque Escrito Está...!

> *31 Le respondieron: Cree en el Señor Jesús y serás salvo tú y todos los de tu casa. (Hechos 16:31 PDT)*

Cuando escudriñamos la Palabra de Dios, encontramos fortaleza y convicción de que en quien hemos creído es el mismo que nos dará la solución y la salida a todas nuestras situaciones. ¡Porque Escrito Está...!

> *13 Ustedes sólo han tenido las mismas tentaciones que todos los demás. Pero Dios es fiel y no va a dejar que sean tentados más allá de lo que puedan soportar. Así que sepan que cuando sean tentados, van a poder soportar, porque Dios les dará una salida. (1 Corintios 10:13 PDT)*

Si dejamos de creer o dudamos de Él, nos alejaremos de las poderosas conquistas que nos restan de alcanzar hasta que Jesús venga a buscarnos. Sigamos escudriñando su Palabra, confesemos nuestras faltas, errores y pecados, a Él no se le puede engañar ni burlar. Ya que al negar que hemos pecado nos engañamos a nosotros mismos y lo ponemos a Él como mentiroso. ¡Porque Escrito Está...!

> *8 Si afirmamos que no tenemos pecado, lo único que hacemos es engañarnos a nosotros mismos y no vivimos en la verdad; 9 pero si confesamos nuestros pecados a Dios, él es fiel y*

justo para perdonarnos nuestros pecados y limpiarnos de toda maldad. ¹⁰ Si afirmamos que no hemos pecado, llamamos a Dios mentiroso y demostramos que no hay lugar para su palabra en nuestro corazón. (1 Juan 1:8-10 NTV)

En este libro escribo haciendo referencia a lo que fue revelado hace muchos años atrás, ya que sus Sagradas Escrituras son el manual de vida para todos los creyentes. El mismo nos habla de quién es Jesús, desde Génesis hasta el libro de Revelaciones o mejor conocido como Apocalipsis.

Si todavía te queda alguna duda o incredulidad mi oración es que recibas la revelación y el entendimiento al leer cada versículo aquí escrito. Ya que es el Espíritu Santo quien te lo puede revelar a través de las poderosas enseñanzas de su Palabra. ¡Porque Escrito Está...!

³⁹ »Ustedes estudian las Escrituras a fondo porque piensan que ellas les dan vida eterna. ¡Pero las Escrituras me señalan a mí! ⁴⁰ Sin embargo, ustedes se niegan a venir a mí para recibir esa vida. ⁴¹ »La aprobación de ustedes no significa nada para mí, ⁴² porque sé que no tienen el amor de Dios adentro. ⁴³ Yo he venido en nombre de mi Padre, y ustedes me han rechazado. Sin embargo, si otros vienen en su propio nombre, ustedes los reciben con gusto. ⁴⁴ ¡Con razón les cuesta creer! Pues a ustedes les encanta honrarse unos a otros, pero no les importa la honra que proviene del único que es Dios. ⁴⁵ »Sin embargo, no soy yo quien los

acusará ante el Padre. ¡Moisés los acusará! Sí, Moisés, en
quien ustedes han puesto su esperanza. ⁴⁶ Si en verdad le
creyeran a Moisés, me creerían a mí, porque él escribió
acerca de mí; ⁴⁷ pero como no creen en lo que él escribió,
¿cómo creerán lo que yo digo?». (Juan 5:39-47 NTV)

A veces hay personas que no creen en la Palabra de
Dios ni en los milagros que Él sigue haciendo hoy día.
Ya que la incredulidad es algo espiritual que ataca la
mente de cada persona para que aun viendo o
leyendo no crean. Las escrituras nos muestran que
Dios es quien permite que ese tipo de personas
actúen así, para entonces Él glorificarse por encima
de ese espíritu de incredulidad y seguir
demostrando que Él sigue siendo Dios. ¡Porque
Escrito Está...!

³⁷ A pesar de todas las señales milagrosas que Jesús había
hecho, la mayoría de la gente aún no creía en él. ³⁸ Eso era
precisamente lo que el profeta Isaías había predicho:
«Señor, ¿quién ha creído nuestro mensaje? ¿A quién ha
revelado el Señor su brazo poderoso?». ³⁹ Pero la gente no
podía creer, porque como también dijo Isaías: ⁴⁰ «El Señor
les ha cegado los ojos y les ha endurecido el corazón, para
que sus ojos no puedan ver y su corazón no pueda entender
y ellos no puedan volver a mí para que yo los sane».
(Juan 12:37-40 NTV)

Es por creer en Jesús, y que el Padre lo levantó de
los muertos, cuando nos enriquecemos para vida

eterna. Si no creemos en ese poderoso milagro donde Jesús fue llevado a la cruz donde murió, pero que al tercer día resucitó, así como lo había prometido, nos alejamos de tener la vida eterna. Amado lector, nos es religiosidad, no es un cuento, no es una película de ficción, es una verdad que no puede ser negociable ni se puede dejar de creer. ¡Porque Escrito Está...!

> [8] En realidad, dice: «El mensaje está muy al alcance de la mano, está en tus labios y en tu corazón». Y ese mensaje es el mismo mensaje que nosotros predicamos acerca de la fe: [9] Si declaras abiertamente que Jesús es el Señor y crees en tu corazón que Dios lo levantó de los muertos, serás salvo. [10] Pues es por creer en tu corazón que eres declarado justo a los ojos de Dios y es por declarar abiertamente tu fe que eres salvo. [11] Como nos dicen las Escrituras: «Todo el que confíe en él jamás será avergonzado» (Romanos 10:8-11 NTV)

Gracias por permitir que la misma Palabra te llene de fe, esperanza y amor por medio de CREER que Jesús es tu Señor. Te bendigo con toda bendición. ¡Porque Escrito Está...!

> [13] Le pido a Dios, fuente de esperanza, que los llene completamente de alegría y paz, porque confían en él. Entonces rebosarán de una esperanza segura mediante el poder del Espíritu Santo. (Romanos 15:13 NTV)

Capítulo 12

Promesas

Y para terminar... ¡ahhh! En este capítulo final del libro, nuestras oraciones son y serán dirigidas a que cada día te puedas empoderar de todas las promesas de Dios. Nuestro deseo es, que en todo momento adores al que está sentado en su trono, al que vive para siempre y al que es tu abogado por excelencia, Jesús de Nazaret. ¡Porque Escrito Está...!

> *[1]Mis queridos hijos, les escribo estas cosas, para que no pequen; pero si alguno peca, tenemos un abogado que defiende nuestro caso ante el Padre. Es Jesucristo, el que es verdaderamente justo. [2]Él mismo es el sacrificio que pagó por nuestros pecados, y no solo los nuestros sino también los de todo el mundo. (1 Juan 2:1-2 NTV)*

En este capítulo, encontrarás versículos que te darán fortaleza, consejo, bálsamo y la hermosura de su presencia. Su Palabra es capaz de levantarte en medio de cualquier situación que estés viviendo. ¡Porque Escrito Está...!

Recibiremos lo que desde la creación nos fue entregado y aun en la caída de la creación Él nos levantó. Aunque en un momento Dios se arrepintió de crearnos, su pacto sigue vigente en nosotros.

Él nos sacó y nos libró de los desiertos para que hoy recibamos sus promesas, recordando que nuestro ABBA Padre y sus nombres nos llevan a entender que todo se alcanza en el nombre de Jesús. Que el Espíritu Santo nos fortalezca, ya que todo es cuestión de fe, solo cree y recibirás sus promesas. ¡Porque escritas están!... ¡Amén!

En esta primera parte vas a poder leer más de cómo recibir la salvación. Vamos, lee cada versículo y te a dirigirán a lo más preciado, que es la Salvación de tu alma. ¡Porque Escrito Está...!

16 »Dios amó tanto al mundo que dio a su Hijo único para que todo el que crea en él no se pierda, sino que tenga vida eterna. 17 Dios no envió a su Hijo al mundo para condenar al mundo, sino para salvarlo por medio de él.
(Juan 3:16-17 PDT)

[8] También dice: «El mensaje de Dios está muy cerca de ti. Está tan cerca como lo están tu boca y tu corazón». Es el mismo mensaje de fe que nosotros anunciamos. [9] Serás salvo si reconoces abiertamente que Jesús es el Señor y si crees de todo corazón que Dios lo levantó de la muerte. [10] Pues Dios te aprobará si crees de todo corazón, y te salvará si con tu boca lo confiesas abiertamente. [11] La Escritura dice: «Todo el que confíe en él no será defraudado».
(Romanos 10:8-11 PDT)

[20] Mira, aquí estoy llamando a la puerta. Si alguien escucha mi voz y abre la puerta, entraré, cenaré con él y él conmigo.
(Apocalipsis 3:20 PDT)

[32] »Todo aquel que me reconozca en público aquí en la tierra también lo reconoceré delante de mi Padre en el cielo;
(Mateo 10:32 NTV)

[11] Y este es el testimonio: que Dios nos ha dado vida eterna; y esta vida está en su Hijo. [12] El que tiene al Hijo, tiene la vida; el que no tiene al Hijo de Dios no tiene la vida. [13] Estas cosas os he escrito a vosotros que creéis en el nombre del Hijo de Dios, para que sepáis que tenéis vida eterna, y para que creáis en el nombre del Hijo de Dios.
(1 Juan 5:11-13)

[8] En cambio, Dios nos demostró su amor en que Cristo murió por nosotros aun cuando éramos pecadores. [9] Con mucha más razón ahora, seremos salvos de la ira de Dios porque él nos aprobó por medio de la muerte de Cristo.
(Romanos 5:8-9 PDT)

23 Pues la paga que deja el pecado es la muerte, pero el regalo que Dios da es la vida eterna por medio de Cristo Jesús nuestro Señor. (Romanos 6:23 NTV)

11 Vino al mundo que le pertenecía, pero su propia gente no lo aceptó. 12 Pero a los que lo aceptaron y creyeron en él, les dio el derecho de ser hijos de Dios. 13 Son hijos de Dios, pero no por nacimiento físico; no tiene que ver con ningún acto ni deseo humano. Son hijos suyos porque Dios así lo quiere. (Juan 1:11-13 PDT)

36 Los que creen en el Hijo de Dios tienen vida eterna. Los que no obedecen al Hijo nunca tendrán vida eterna, sino que permanecen bajo la ira del juicio de Dios. (Juan 3:36 NTV)

¿Cómo podemos ver a Jesús en nuestras vidas?

¡Porque Escrito Está...!

1-Jesús, como Salvador:

5 Él nos salvó gracias a su misericordia, no por algo bueno que hubiéramos hecho. Nos salvó lavándonos, dándonos una vida nueva al renovarnos por medio del Espíritu Santo. 6 Dios derramó en abundancia el Espíritu Santo sobre nosotros por medio de Jesucristo, nuestro Salvador. (Tito 3:56 PDT)

14 Además, hemos visto con nuestros propios ojos y ahora damos testimonio de que el Padre envió a su Hijo para que fuera el Salvador del mundo. (1 Juan 4:14 NTV)

41 Y creyeron muchos más por la palabra de él, 42 y decían a la mujer: Ya no creemos solamente por tu dicho, porque nosotros mismos hemos oído, y sabemos que verdaderamente éste es el Salvador del mundo, el Cristo. (Juan 4:41-42)

9 Jesús le dijo: Hoy ha venido la salvación a esta casa; por cuanto él también es hijo de Abraham. 10 Porque el Hijo del Hombre vino a buscar y a salvar lo que se había perdido.
(Lucas 19:9-10)

16 »Pues Dios amó tanto al mundo que dio a su único Hijo, para que todo el que crea en él no se pierda, sino que tenga vida eterna. 17 Dios no envió a su Hijo al mundo para condenar al mundo, sino para salvarlo por medio de él.
(Juan 3:16-17 NTV)

24 Dios, por su generoso amor, aprueba a todos gratuitamente. Es un regalo de Dios hecho posible porque Jesucristo hizo lo necesario para liberarnos del pecado. 25-26 Dios ofreció a Jesucristo para hacer posible, por medio de su muerte, el perdón de los pecados. El perdón se recibe a través de la fe. Él ofreció a Jesucristo como sacrificio para demostrar que él siempre es justo en lo que hace. Lo demostró en el pasado cuando en su paciencia pasó por alto los pecados de muchos, y también ahora al aprobar a todo aquel que confía en Jesús. (Romanos 3:24-26 PDT)

47 De cierto, de cierto os digo: El que cree en mí, tiene vida eterna. (Juan 6:47)

8 Dios los salvó por su gracia cuando creyeron. Ustedes no tienen ningún mérito en eso; es un regalo de Dios. 9 La salvación no es un premio por las cosas buenas que hayamos

hecho, así que ninguno de nosotros puede jactarse de ser salvo. [10] Pues somos la obra maestra de Dios. Él nos creó de nuevo en Cristo Jesús, a fin de que hagamos las cosas buenas que preparó para nosotros tiempo atrás.
(Efesios 2:8-10 NTV)

[9] Si declaras abiertamente que Jesús es el Señor y crees en tu corazón que Dios lo levantó de los muertos, serás salvo.
(Romanos 10:9 NTV)

[17] Esto significa que todo el que pertenece a Cristo se ha convertido en una persona nueva. La vida antigua ha pasado; ¡una nueva vida ha comenzado!
(2 Corintios 5:17 NTV)

[9] Pues Dios nos salvó y nos llamó para vivir una vida santa. No lo hizo porque lo meretiéramos, sino porque ese era su plan desde antes del comienzo del tiempo, para mostrarnos su gracia por medio de Cristo Jesús; (2 Timoteo 1:9 NTV)

2-Jesús, como nuestro Señor:

[9] Por lo cual Dios también le exaltó hasta lo sumo, y le dio un nombre que es sobre todo nombre, [10] para que en el nombre de Jesús se doble toda rodilla de los que están en los cielos, y en la tierra, y debajo de la tierra; [11] y toda lengua confiese que Jesucristo es el Señor, para gloria de Dios Padre. (Filipenses 2:9-11)

[9] que si confesares con tu boca que Jesús es el Señor, y creyeres en tu corazón que Dios le levantó de los muertos, serás salvo. [10] Porque con el corazón se cree para justicia,

pero con la boca se confiesa para salvación.
(Romanos 10:9-10)

[46] *»Así que, ¿por qué siguen llamándome "¡Señor, Señor!"*
cuando no hacen lo que digo? (Lucas 6:46 NTV)

[19] *¿Acaso no saben que su cuerpo es templo del Espíritu*
Santo? Ustedes han recibido al Espíritu de Dios y habita en
ustedes. Entonces, ustedes no son dueños de su cuerpo,
[20] *porque Dios los ha comprado por un precio. Así que, con*
su cuerpo, honren a Dios. (1 Corintios 6:19-20 PDT)

[36] *»Por lo tanto, que todos en Israel sepan sin lugar a dudas,*
que a este Jesús, a quien ustedes crucificaron, ¡Dios lo ha
hecho tanto Señor como Mesías!». (Hechos 2:36 NTV)

[8] *Si vivimos, es para honrar al Señor, y si morimos, es para*
honrar al Señor. Entonces, tanto si vivimos como si
morimos, pertenecemos al Señor. (Romanos 14:8 NTV)

[30] *Ama al Señor tu Dios con todo tu corazón, con toda tu*
alma, con toda tu mente y con todas tus fuerzas.
(Marcos 12:30 PDT)

[25] *Porque David dice de él: Veía al Señor siempre delante de*
mí; Porque está a mi diestra, no seré conmovido.
(Hechos 2:25)

3-Jesús, como nuestro único amor:

*8 Mas Dios muestra su amor para con nosotros, en que siendo aún pecadores, Cristo murió por nosotros.
(Romanos 5:8)*

16 »Dios amó tanto al mundo que dio a su Hijo único para que todo el que crea en él no se pierda, sino que tenga vida eterna. (Juan 3:16 NTV)

*7 Amados, amémonos unos a otros; porque el amor es de Dios. Todo aquel que ama, es nacido de Dios, y conoce a Dios. 8 El que no ama, no ha conocido a Dios; porque Dios es amor. 9 En esto se mostró el amor de Dios para con nosotros, en que Dios envió a su Hijo unigénito al mundo, para que vivamos por él. 10 En esto consiste el amor: no en que nosotros hayamos amado a Dios, sino en que él nos amó a nosotros, y envió a su Hijo en propiciación por nuestros pecados. 11 Amados, si Dios nos ha amado así, debemos también nosotros amarnos unos a otros. 12 Nadie ha visto jamás a Dios. Si nos amamos unos a otros, Dios permanece en nosotros, y su amor se ha perfeccionado en nosotros.
(1 Juan 4:7-12)*

16 Y nosotros hemos conocido y creído el amor que Dios tiene para con nosotros. Dios es amor; y el que permanece en amor, permanece en Dios, y Dios en él. (1 Juan 4:16)

*19 Nosotros le amamos a él, porque él nos amó primero.
(1 Juan 4:19)*

9 Yo los he amado como me ama mi Padre. Permanezcan en mi amor. 10 He obedecido los mandamientos de mi Padre y permanezco en su amor. De la misma manera, si ustedes

obedecen mis mandamientos, permanecerán en mi amor.
(Juan 15:9-10 PDT)

17 Pido al Padre que Cristo viva en ustedes por la fe y que su amor sea la raíz y el cimiento de su vida. 18 Así podrán comprender con todo el pueblo santo de Dios cuán ancho y largo, cuán alto y profundo, es su amor. 19 El amor de Cristo es tan grande que supera todo conocimiento. Pero a pesar de eso, pido a Dios que lo puedan conocer, de manera que se llenen completamente de todo lo que Dios es.
(Efesios 3:17-19 PDT)

21 El que realmente me ama conoce mis mandamientos y los obedece. Mi Padre amará al que me ame, y yo también lo amaré y me mostraré a él. (Juan 14:21 PDT)

13 Tres cosas durarán para siempre: la fe, la esperanza y el amor; y la mayor de las tres es el amor.
(1 Corintios 13:13 NTV)

37 Claro que no, a pesar de todas estas cosas, nuestra victoria es absoluta por medio de Cristo, quien nos amó. 38 Y estoy convencido de que nada podrá jamás separarnos del amor de Dios. Ni la muerte ni la vida, ni ángeles ni demonios, ni nuestros temores de hoy ni nuestras preocupaciones de mañana. Ni siquiera los poderes del infierno pueden separarnos del amor de Dios. 39 Ningún poder en las alturas ni en las profundidades, de hecho, nada en toda la creación podrá jamás separarnos del amor de Dios, que está revelado en Cristo Jesús nuestro Señor.
(Romanos 8:38-39NTV)

4-Jesús, como nuestra Paz:

²⁷ »Les dejo un regalo: paz en la mente y en el corazón. Y la paz que yo doy es un regalo que el mundo no puede dar. Así que no se angustien ni tengan miedo. (Juan 14:27 NTV)

¹Por lo tanto, ya que fuimos declarados justos a los ojos de Dios por medio de la fe, tenemos paz con Dios gracias a lo que Jesucristo nuestro Señor hizo por nosotros. (Romanos 5:1 NTV)

²⁰ Muy pronto Dios, que trae la paz, aplastará a Satanás y lo pondrá a los pies de ustedes. Que nuestro Señor Jesús los bendiga en abundancia. (Romanos 16:20 PDT)

¹³ pero ahora han sido unidos a Cristo Jesús. Antes estaban muy lejos de Dios, pero ahora fueron acercados por medio de la sangre de Cristo. ¹⁴ Pues Cristo mismo nos ha traído la paz. Él unió a judíos y a gentiles en un solo pueblo cuando, por medio de su cuerpo en la cruz, derribó el muro de hostilidad que nos separaba. (Efesios 2:13-14 NTV)

⁶ No se preocupen por nada; en cambio, oren por todo. Díganle a Dios lo que necesitan y denle gracias por todo lo que él ha hecho. ⁷ Así experimentarán la paz de Dios, que supera todo lo que podemos entender. La paz de Dios cuidará su corazón y su mente mientras vivan en Cristo Jesús. (Filipenses 4:6-7 NTV)

9 No dejen de poner en práctica todo lo que aprendieron y recibieron de mí, todo lo que oyeron de mis labios y vieron que hice. Entonces el Dios de paz estará con ustedes. (Filipenses 4:9 NTV)

15 Y que la paz que viene de Cristo gobierne en sus corazones. Pues, como miembros de un mismo cuerpo, ustedes son llamados a vivir en paz. Y sean siempre agradecidos. (Colosenses 3:15 NTV)

5-Jesús, como nuestro perdonador:

25 Cuando estén orando, primero perdonen a todo aquel contra quien guarden rencor, para que su Padre que está en el cielo también les perdone a ustedes sus pecados. (Marcos 11:25 NTV)

6 Dios nos eligió para que así se le honre por su grandioso amor, que nos dio gratuitamente por medio de su Hijo amado. 7 La sangre que Cristo derramó en su muerte pagó el rescate para librarnos de la esclavitud. Es decir, que Dios es tan generoso que perdona nuestras faltas, y 8 nos mostró abundantemente su bondad. Con completa sabiduría y entendimiento 9 nos ha dado a conocer su plan secreto. Esto fue lo que con gusto Dios quiso hacer por medio de Cristo. 10 El plan de Dios, que se cumplirá a su debido tiempo, es poner bajo el mando de Cristo todo lo que hay en el cielo y en la tierra. (Efesios 1:6-10 PDT)

13 Ustedes estaban muertos a causa de sus pecados y porque aún no les habían quitado la naturaleza pecaminosa.

Entonces Dios les dio vida con Cristo al perdonar todos nuestros pecados. (Colosenses 2:13 NTV)

13 *Sean comprensivos con las faltas de los demás y perdonen a todo el que los ofenda. Recuerden que el Señor los perdonó a ustedes, así que ustedes deben perdonar a otros. (Colosenses 3:13 NTV)*

12 *Perdonaré todas las maldades que han hecho en mi contra y no recordaré más sus pecados». (Hebreos 8:12 PDT)*

8 *Si afirmamos que no tenemos pecado, lo único que hacemos es engañarnos a nosotros mismos y no vivimos en la verdad;* 9 *pero si confesamos nuestros pecados a Dios, él es fiel y justo para perdonarnos nuestros pecados y limpiarnos de toda maldad.* 10 *Si afirmamos que no hemos pecado, llamamos a Dios mentiroso y demostramos que no hay lugar para su palabra en nuestro corazón. (1 Juan 1:8-10 NTV)*

6-Jesús, como nuestro Dios justo:

1 *Mis queridos hijos, les escribo estas cosas, para que no pequen; pero si alguno peca, tenemos un abogado que defiende nuestro caso ante el Padre. Es Jesucristo, el que es verdaderamente justo. (1 Juan 2:1 NTV)*

21 *Al que no conoció pecado, por nosotros lo hizo pecado, para que nosotros fuésemos hechos justicia de Dios en él. (2 Corintios 5:21)*

30 *Dios los ha unido a ustedes con Cristo Jesús. Dios hizo que él fuera la sabiduría misma para nuestro beneficio.*

Cristo nos hizo justos ante Dios; nos hizo puros y santos y nos liberó del pecado. (1 Corintios 1:30 NTV)

22 Dios nos hace justos a sus ojos cuando ponemos nuestra fe en Jesucristo. Y eso es verdad para todo el que cree, sea quien fuere. (Romanos 3:22 NTV)

10 Y Cristo vive en ustedes; entonces, aunque el cuerpo morirá por causa del pecado, el Espíritu les da vida, porque ustedes ya fueron declarados justos a los ojos de Dios. (Romanos 8:10 NTV)

7-Jesús, como nuestro libertador:

31 Luego Jesús empezó a decirles a los judíos que habían creído en él: Si ustedes siguen obedeciendo mi enseñanza, serán verdaderamente mis seguidores.

32 Conocerán la verdad, y la verdad los hará libres. (Juan 8:31-32 PDT)

36 Entonces si el Hijo los libera, ustedes serán realmente libres. (Juan 8:36 PDT)

30 Y a los que predestinó, a éstos también llamó; y a los que llamó, a éstos también justificó; y a los que justificó, a éstos también glorificó. (Romanos 8:30)

22 Pero ahora, liberados del pecado, se han hecho esclavos de Dios. Como resultado, se dedican sólo a Dios y eso los llevará a la vida eterna. (Romanos 6:22 PDT)

² porque por medio de él, la ley del Espíritu que da vida te liberó de la ley que trae pecado y muerte.
(Romanos 8:2 PDT)

⁴ Pero ustedes, mis queridos hijos, pertenecen a Dios. Ya lograron la victoria sobre esas personas, porque el Espíritu que vive en ustedes es más poderoso que el espíritu que vive en el mundo. (1 Juan 4:4 PDT)

8- Jesús, como nuestro único amigo:

¹⁵ Ya no los llamo esclavos, porque el amo no confía sus asuntos a los esclavos. Ustedes ahora son mis amigos, porque les he contado todo lo que el Padre me dijo.
(Juan 15:15 NTV)

³ Lo que hemos visto y oído se lo anunciamos también a ustedes para que tengan compañerismo con nosotros, así como nosotros tenemos compañerismo con el Padre y con su Hijo, Jesucristo. (1 Juan 1:3 PDT)

Dios lo hará porque él es fiel para hacer lo que dice y los ha invitado a que tengan comunión con su Hijo, Jesucristo nuestro Señor.   (1 Corintios 1:9 NTV)

²³ Jesús le contestó: El que me ama, obedecerá mis enseñanzas. Mi Padre lo amará, vendré a él y viviremos con él. (Juan 14:23 PDT)

²⁰ Pues donde se reúnen dos o tres en mi nombre, yo estoy allí entre ellos. (Mateo 18:20 NTV)

²¹ *El que realmente me ama conoce mis mandamientos y los obedece. Mi Padre amará al que me ame, y yo también lo amaré y me mostraré a él. (Juan 14:21 PDT)*

² *Sigan el camino del amor así como Cristo nos amó y ofrendó su vida por nosotros como un sacrificio voluntario cuyo agradable olor sube a Dios. (Efesios 5:2 NTV)*

²⁰ *»¡Mira! Yo estoy a la puerta y llamo. Si oyes mi voz y abres la puerta, yo entraré y cenaremos juntos como amigos. (Apocalipsis 3:20 NTV)*

9- Jesús, como nuestro ejemplo a seguir:

²¹ *Dios los llamó a soportar tal sufrimiento. Es que Cristo mismo sufrió por ustedes, y así les dejó un ejemplo a seguir para que ustedes sigan sus pasos. (1 Pedro 2:21 PDT)*

⁶ *El que dice que permanece en él, debe andar como él anduvo. (1 Juan 2:6)*

¹ *Por lo tanto, imiten a Dios en todo lo que hagan porque ustedes son sus hijos queridos.* ² *Vivan una vida llena de amor, siguiendo el ejemplo de Cristo. Él nos amó y se ofreció a sí mismo como sacrificio por nosotros, como aroma agradable a Dios. (Efesios 5:1-2 NTV)*

¹⁴ *Y, dado que yo, su Señor y Maestro, les he lavado los pies, ustedes deben lavarse los pies unos a otros.* ¹⁵ *Les di mi ejemplo para que lo sigan. Hagan lo mismo que yo he hecho con ustedes. (Juan 13:14-15 NTV)*

10- Jesús, como nuestro eterno compañero:

5 No amen el dinero, sino conténtense con lo que tienen. Porque Dios dijo: «Nunca te abandonaré ni te dejaré solo». (Hebreos 13:5 PDT)

63 Compañero soy yo de todos los que te temen Y guardan tus mandamientos. (Salmo 119:63)

16 Ustedes no me eligieron a mí, yo los elegí a ustedes. Les encargué que vayan y produzcan frutos duraderos, así el Padre les dará todo lo que pidan en mi nombre. (Juan 15:16 NTV)

10 Aunque mi padre y mi madre me abandonen, el SEÑOR me mantendrá cerca. (Salmo 27:10 NTV)

9 Dios siempre cumple sus promesas, y él es quien los ha llamado a compartir la vida con su Hijo, nuestro Señor Jesucristo. (1 Corintios 1:9 PDT)

18 No os dejaré huérfanos; vendré a vosotros. (Juan 14:18)

11- Jesús, como nuestra seguridad:

3 Que toda la alabanza sea para Dios, el Padre de nuestro Señor Jesucristo. Es por su gran misericordia que hemos nacido de nuevo, porque Dios levantó a Jesucristo de los muertos. Ahora vivimos con gran expectación 4 y tenemos una herencia que no tiene precio, una herencia que está reservada en el cielo para ustedes, pura y sin mancha, que

no puede cambiar ni deteriorarse. [5] Por la fe que tienen,
Dios los protege con su poder hasta que reciban esta
salvación, la cual está lista para ser revelada en el día final,
a fin de que todos la vean. (1 Pedro 1:3-5 NTV)

[27] Mis ovejas escuchan mi voz; yo las conozco, y ellas me
siguen. [28] Les doy vida eterna, y nunca perecerán. Nadie
puede quitármelas, [29] porque mi Padre me las ha dado, y él
es más poderoso que todos. Nadie puede quitarlas de la
mano del Padre. (Juan 10:27-29 NTV)

[38] Y estoy convencido de que nada podrá jamás separarnos
del amor de Dios. Ni la muerte ni la vida, ni ángeles ni
demonios, ni nuestros temores de hoy ni nuestras
preocupaciones de mañana. Ni siquiera los poderes del
infierno pueden separarnos del amor de Dios. [39] Ningún
poder en las alturas ni en las profundidades, de hecho, nada
en toda la creación podrá jamás separarnos del amor de
Dios, que está revelado en Cristo Jesús nuestro Señor.
(Romanos 8:38-39 NTV)

[6] Y estoy seguro de que Dios, quien comenzó la buena obra
en ustedes, la continuará hasta que quede completamente
terminada el día que Cristo Jesús vuelva.
(Filipenses 1:6 NTV)

[3] Pero el Señor es fiel y les dará fortaleza y protección
contra el maligno. (2 Tesalonicenses 3:3 PDT)

[37] Todo aquel que el Padre haga venir a mí, será mi seguidor;
yo nunca lo rechazaré. (Juan 6:37 PDT)

12- Jesús, como el que me sacia de todo:

> *⁶ Afortunados los que tienen hambre y sed de justicia, porque quedarán completamente satisfechos por Dios. (Mateo 5:6 PDT)*

> *³⁵ Jesús les dijo: Yo soy el pan de vida. El que viene a mí, nunca tendrá hambre; quien cree en mí, nunca tendrá sed. (Juan 6:35 PDT)*

> *¹³ Jesús contestó: Cualquiera que beba de esta agua pronto volverá a tener sed, ¹⁴ pero todos los que beban del agua que yo doy no tendrán sed jamás. Esa agua se convierte en un manantial que brota con frescura dentro de ellos y les da vida eterna. (Juan 4:13-14 NTV)*

13- Jesús, como nuestro todo:

> *¹³ Todo lo puedo en Cristo que me fortalece. (Filipenses 4:13)*

> *¹⁹ Y este mismo Dios quien me cuida suplirá todo lo que necesiten, de las gloriosas riquezas que nos ha dado por medio de Cristo Jesús. (Filipenses 4:19 NTV)*

> *³⁷ Antes, en todas estas cosas somos más que vencedores por medio de aquel que nos amó. (Romanos 8:37)*

> *⁷ Si ustedes permanecen en mí y mis palabras permanecen en ustedes, pueden pedir lo que quieran, ¡y les será concedido! (Juan 15:7 NTV)*

23 En aquel día no me preguntaréis nada. De cierto, de cierto os digo, que todo cuanto pidiereis al Padre en mi nombre, os lo dará. 24 Hasta ahora nada habéis pedido en mi nombre; pedid, y recibiréis, para que vuestro gozo sea cumplido. (Juan 16:23-24)

Ahora veremos cómo la Biblia nos enseña, de qué forma es usada por Dios para instruirnos y dirigirnos a usarla en los diferentes procesos que podamos vivir. ¡Porque Escrito Está...!

14- La Biblia es su autoridad:

16 Toda la Escritura es un mensaje enviado por Dios, y es útil para enseñar, reprender, corregir y mostrar a la gente cómo vivir de la manera que Dios manda, 17 para que el siervo de Dios esté listo y completamente capacitado para toda buena obra. (2 Timoteo 3:16 PDT)

12 Pues la palabra de Dios es viva y poderosa. Es más cortante que cualquier espada de dos filos; penetra entre el alma y el espíritu, entre la articulación y la médula del hueso. Deja al descubierto nuestros pensamientos y deseos más íntimos. 13 No hay nada en toda la creación que esté oculto a Dios. Todo está desnudo y expuesto ante sus ojos; y es a él a quien rendimos cuentas. (Hebreos 4:12-13 NTV)

20 Sobre todo, tienen que entender que ninguna profecía de la Escritura jamás surgió de la comprensión personal de los profetas 21 ni por iniciativa humana. Al contrario, fue el

Espíritu Santo quien impulsó a los profetas y ellos hablaron de parte de Dios. (2 Pedro 1:20-21 NTV)

[20] *porque todas las promesas de Dios son en él Sí, y en él Amén, por medio de nosotros, para la gloria de Dios. (2 Corintios 1:20)*

[31] *El cielo y la tierra desaparecerán, pero mis palabras no desaparecerán jamás. (Marcos 13.31 NTV)*

[39] *Escudriñad las Escrituras; porque a vosotros os parece que en ellas tenéis la vida eterna; y ellas son las que dan testimonio de mí; (Juan 5:39)*

[23] *Pues han nacido de nuevo pero no a una vida que pronto se acabará. Su nueva vida durará para siempre porque proviene de la eterna y viviente palabra de Dios. (1 Pedro 1:23 NTV)*

15- La Biblia es su testamento:

[23] *Cuando hagan cualquier trabajo, háganlo de todo corazón, como si estuvieran trabajando para el Señor y no para los seres humanos.* [24] *Recuerden que ustedes van a recibir la recompensa del Señor que Dios le prometió a su pueblo, pues ustedes sirven a Cristo el Señor. (Colosenses 3:23-24 PDT)*

[4] *y debido a su gloria y excelencia, nos ha dado grandes y preciosas promesas. Estas promesas hacen posible que ustedes participen de la naturaleza divina y escapen de la corrupción del mundo, causada por los deseos humanos. (2 Pedro 1:4 NTV)*

⁴ y tenemos una herencia que no tiene precio, una herencia que está reservada en el cielo para ustedes, pura y sin mancha, que no puede cambiar ni deteriorarse.
(1 Pedro 1:4 NTV)

³⁴ Entonces el Rey dirá a los de su derecha: Venid, benditos de mi Padre, heredad el reino preparado para vosotros desde la fundación del mundo. (Mateo 25:34)

16- La Biblia es nuestra eterna guía:

³¹ Jesús le dijo a la gente que creyó en él: Ustedes son verdaderamente mis discípulos si se mantienen fieles a mis enseñanzas; ³² y conocerán la verdad, y la verdad los hará libres. (Juan 8:31-32 NTV)

¹⁶ Toda la Escritura es inspirada por Dios y es útil para enseñarnos lo que es verdad y para hacernos ver lo que está mal en nuestra vida. Nos corrige cuando estamos equivocados y nos enseña a hacer lo correcto. ¹⁷ Dios la usa para preparar y capacitar a su pueblo para que haga toda buena obra. (2 Timoteo 3:16-17 NTV)

⁴ y debido a su gloria y excelencia, nos ha dado grandes y preciosas promesas. Estas promesas hacen posible que ustedes participen de la naturaleza divina y escapen de la corrupción del mundo, causada por los deseos humanos.
(2 Pedro 1:4 NTV)

⁸ Estudia constantemente este libro de instrucción. Medita en él de día y de noche para asegurarte de obedecer todo lo

que allí está escrito. Solamente entonces prosperarás y te irá
bien en todo lo que hagas. (Josué 1:8 NTV)

17- La Biblia es la que nos estabiliza:

²³ *Pues ustedes nacieron de nuevo, no por medio de padres*
mortales, sino por medio del mensaje vivo y eterno de Dios.
²⁴ *Porque está escrito: «Los seres humanos son como la*
hierba. Toda su gloria es como una flor silvestre. La hierba
se seca y la flor se cae, ²⁵*pero la palabra del Señor vivirá*
para siempre». Esta palabra es la buena noticia que se les
anunció a ustedes. (1 Pedro 1:23-25 PDT)

²⁴ *Y a aquel que es poderoso para guardaros sin caída, y*
presentaros sin mancha delante de su gloria con gran
alegría, ²⁵ *al único y sabio Dios, nuestro Salvador, sea gloria*
y majestad, imperio y potencia, ahora y por todos los siglos.
Amén. (Judas 24-25)

³ *Pero el Señor es fiel; él los fortalecerá y los protegerá del*
maligno.   (2 Tesalonicenses 3:3 NTV)

³¹ *¿Qué podemos decir de todo esto? Si Dios está a nuestro*
favor, nadie podrá estar contra nosotros.
(Romanos 8:31 PDT)

[18] *Porque de cierto os digo que hasta que pasen el cielo y la tierra, ni una jota ni una tilde pasará de la ley, hasta que todo se haya cumplido. (Mateo 5:18)*

[35] *El cielo y la tierra desaparecerán, pero mis palabras no desaparecerán jamás. (Mateo 24:35 NTV)*

18- La Biblia es nuestra fortaleza:

[10] *Finalmente, confíen en el gran poder del Señor para fortalecerse. (Efesios 6:10 PDT)*

[10] *Entonces la forma en que vivan siempre honrará y agradará al Señor, y sus vidas producirán toda clase de buenos frutos. Mientras tanto, irán creciendo a medida que aprendan a conocer a Dios más y más.* [11] *También pedimos que se fortalezcan con todo el glorioso poder de Dios para que tengan toda la constancia y la paciencia que necesitan. Mi deseo es que estén llenos de alegría* [12] *y den siempre gracias al Padre. Él los hizo aptos para que participen de la herencia que pertenece a su pueblo, el cual vive en la luz. (Colosenses 1:10-12 NTV)*

[13] *Pues todo lo puedo hacer por medio de Cristo, quien me da las fuerzas. (Filipenses 4:13 NTV)*

[16] *Pido en oración que, de sus gloriosos e inagotables recursos, los fortalezca con poder en el ser interior por medio de su Espíritu.* [17] *Entonces Cristo habitará en el corazón de ustedes a medida que confíen en él. Echarán raíces*

profundas en el amor de Dios, y ellas los mantendrán fuertes. (Efesios 3:16-17 NTV)

13 Por tanto, tomad toda la armadura de Dios, para que podáis resistir en el día malo, y habiendo acabado todo, estar firmes. (Efesios 6:13)

Por otra parte, la Biblia nos da los consejos más seguros e impactantes, ya que los mismos nos ayudarán a sobre llevar toda situación adversa en nuestro sentir emocional, sentimental y espiritual. Ahora, vamos a leerlo y proclamarlo. ¡Porque Escrito Está...!

19- La Biblia nos promete su ayuda cuando estamos desanimados:

9 Así que no nos cansemos de hacer el bien. A su debido tiempo, cosecharemos numerosas bendiciones si no nos damos por vencidos. (Gálatas 6:9 NTV)

6 Y estoy seguro de que Dios, quien comenzó la buena obra en ustedes, la continuará hasta que quede completamente terminada el día que Cristo Jesús vuelva. (Filipenses 1:6 NTV)

35 No perdáis, pues, vuestra confianza, que tiene grande galardón; 36 porque os es necesaria la paciencia, para que habiendo hecho la voluntad de Dios, obtengáis la promesa. (Hebreos 10:35-36)

⁸ Por eso aunque tengamos toda clase de problemas, no estamos derrotados. Aunque tengamos muchas preocupaciones, no nos damos por vencidos. ⁹ Aunque nos persigan, Dios no nos abandona. Aunque nos derriben, no nos destruyen. (2 Corintios 4:8-9 PDT)

⁶ Así que alégrense de verdad. Les espera una alegría inmensa, aunque tienen que soportar muchas pruebas por un tiempo breve. ⁷ Estas pruebas demostrarán que su fe es auténtica. Está siendo probada de la misma manera que el fuego prueba y purifica el oro, aunque la fe de ustedes es mucho más preciosa que el mismo oro. Entonces su fe, al permanecer firme en tantas pruebas, les traerá mucha alabanza, gloria y honra en el día que Jesucristo sea revelado a todo el mundo. ⁸ Ustedes aman a Jesucristo a pesar de que nunca lo han visto. Aunque ahora no lo ven, confían en él y se gozan con una alegría gloriosa e indescriptible. ⁹ La recompensa por confiar en él será la salvación de sus almas. (1 Pedro 1:6-9 NTV)

⁶ Por nada estéis afanosos, sino sean conocidas vuestras peticiones delante de Dios en toda oración y ruego, con acción de gracias. ⁷ Y la paz de Dios, que sobrepasa todo entendimiento, guardará vuestros corazones y vuestros pensamientos en Cristo Jesús. ⁸ Por lo demás, hermanos, todo lo que es verdadero, todo lo honesto, todo lo justo, todo

lo puro, todo lo amable, todo lo que es de buen nombre; si hay virtud alguna, si algo digno de alabanza, en esto pensad. (Filipenses 4:6-8)

¹ »No dejen que el corazón se les llene de angustia; confíen en Dios y confíen también en mí. ² En el hogar de mi Padre, hay lugar más que suficiente. (Juan 14:1 NTV)

²⁷ »Les dejo un regalo: paz en la mente y en el corazón. Y la paz que yo doy es un regalo que el mundo no puede dar. Así que no se angustien ni tengan miedo. (Juan 14:27 NTV)

20- La Biblia nos promete ayuda cuando nos sentimos preocupados:

²⁴ »Nadie puede servir a dos amos. Pues odiará a uno y amará al otro; será leal a uno y despreciará al otro. No se puede servir a Dios y al dinero. ²⁵ »Por eso les digo que no se preocupen por la vida diaria, si tendrán suficiente alimento y bebida, o suficiente ropa para vestirse. ¿Acaso no es la vida más que la comida y el cuerpo más que la ropa? ²⁶ Miren los pájaros. No plantan ni cosechan ni guardan comida en graneros, porque el Padre celestial los alimenta. ¿Y no son ustedes para él mucho más valiosos que ellos? ²⁷ ¿Acaso con todas sus preocupaciones pueden añadir un solo momento a su vida? ²⁸ »¿Y por qué preocuparse por la ropa? Miren cómo crecen los lirios del campo. No trabajan ni cosen su ropa; ²⁹ sin embargo, ni Salomón con toda su gloria se vistió tan hermoso como ellos. ³⁰ Si Dios cuida de manera tan maravillosa a las flores silvestres que hoy están y mañana se echan al fuego, tengan por seguro que cuidará de ustedes. ¿Por qué tienen tan poca fe? ³¹ »Así que no se preocupen por todo eso diciendo: "¿Qué comeremos?, ¿qué beberemos?, ¿qué ropa nos pondremos?". ³² Esas cosas dominan el pensamiento de los incrédulos, pero su Padre celestial ya conoce todas sus necesidades. ³³ Busquen el reino de Dios por encima de todo lo demás y lleven una vida justa, y él les dará todo lo que necesiten. ³⁴ »Así que no se preocupen por el mañana, porque el día de mañana traerá sus propias preocupaciones. Los problemas del día de hoy son suficientes por hoy. (Mateo 6:25-34 NTV)

¹⁹ Mi Dios, pues, suplirá todo lo que os falta conforme a sus riquezas en gloria en Cristo Jesús. (Filipenses 4:19)

¹⁵ Permitan que la paz de Cristo controle siempre su manera de pensar, pues Cristo los ha llamado a formar un solo cuerpo para que haya paz; y den gracias a Dios siempre. (Colosenses 3:15 PDT)

⁷ Confíen a Dios todas sus preocupaciones, porque él cuida de ustedes. (1 Pedro 5:7 PDT)

⁶ No se preocupen por nada; en cambio, oren por todo. Díganle a Dios lo que necesitan y denle gracias por todo lo que él ha hecho. ⁷ Así experimentarán la paz de Dios, que supera todo lo que podemos entender. La paz de Dios

cuidará su corazón y su mente mientras vivan en Cristo
Jesús. (Filipenses 4:6-7 NTV)

³ Tú les das paz a los que se mantienen pensando en ti,
porque en ti han puesto su confianza. (Isaías 26:3 PDT)

21- La Biblia nos promete ayudarnos cuando nos sentimos solos:

³⁵ ¿Acaso hay algo que pueda separarnos del amor de Cristo?
¿Será que él ya no nos ama si tenemos problemas o
aflicciones, si somos perseguidos o pasamos hambre o
estamos en la miseria o en peligro o bajo amenaza de
muerte? ³⁶ (Como dicen las Escrituras: «Por tu causa nos
matan cada día; nos tratan como a ovejas en el matadero»).
³⁷ Claro que no, a pesar de todas estas cosas, nuestra
victoria es absoluta por medio de Cristo, quien nos amó. ³⁸ Y
estoy convencido de que nada podrá jamás separarnos del
amor de Dios. Ni la muerte ni la vida, ni ángeles ni
demonios, ni nuestros temores de hoy ni nuestras
preocupaciones de mañana. Ni siquiera los poderes del
infierno pueden separarnos del amor de Dios. ³⁹ Ningún
poder en las alturas ni en las profundidades, de hecho, nada
en toda la creación podrá jamás separarnos del amor de
Dios, que está revelado en Cristo Jesús nuestro Señor.
(Romanos 8:35-39 NTV)

¹⁸ No los abandonaré como a huérfanos; vendré a ustedes.
(Juan 14:18 NTV)

5 No amen el dinero, sino conténtense con lo que tienen. Porque Dios dijo: «Nunca te abandonaré ni te dejaré solo». (Hebreos 13:5 PDT)

20 Enseñen a los nuevos discípulos a obedecer todos los mandatos que les he dado. Y tengan por seguro esto: que estoy con ustedes siempre, hasta el fin de los tiempos». (Mateo 28:20 NTV)

10 No temas, estoy contigo. Yo soy tu Dios, no tengas miedo. Te fortaleceré, sí, te ayudaré. Te salvaré con mi mano victoriosa. (Isaías 41:10 PDT)

10 Aunque mis padres me abandonen, el SEÑOR se encargará de mí. (Salmo 27:10 PDT)

1 Dios es nuestro refugio y nuestra fuerza; siempre está dispuesto a ayudar en tiempos de dificultad. 2 Por lo tanto, no temeremos cuando vengan terremotos y las montañas se derrumben en el mar. (Salmo 46:1 NTV)

22- La Biblia nos promete ayudarnos cuando estamos deprimidos:

1 Entonces Jesús les contó una historia para enseñarles que siempre deben orar y nunca perder la esperanza. (Lucas 18:1 PDT)

8 En fin, hermanos, piensen en todo lo que es verdadero, noble, correcto, puro, hermoso y admirable. También piensen en lo que tiene alguna virtud, en lo que es digno de

reconocimiento. Mantengan su mente ocupada en eso.
(Filipenses 4:8 PDT)

[17] El Señor oye a los suyos cuando claman a él por ayuda;
los rescata de todas sus dificultades. (Salmo 34:17 NTV)

[31] En cambio, los que confían en el Señor encontrarán
nuevas fuerzas; volarán alto, como con alas de águila.
Correrán y no se cansarán; caminarán y no desmayarán.
(Isaías 40:31 NTV)

[3] Toda la alabanza sea para Dios, el Padre de nuestro Señor
Jesucristo. Dios es nuestro Padre misericordioso y la fuente
de todo consuelo. [4] Él nos consuela en todas nuestras
dificultades para que nosotros podamos consolar a otros.
Cuando otros pasen por dificultades, podremos ofrecerles el
mismo consuelo que Dios nos ha dado a nosotros.
(2 Corintios 1:3-4 NTV)

[6] Así que humíllense ante el gran poder de Dios y, a su
debido tiempo, él los levantará con honor. [7] Pongan todas
sus preocupaciones y ansiedades en las manos de Dios,
porque él cuida de ustedes. (1 Pedro 5:6-7 NTV)

23- La Biblia nos promete ayudarnos cuando nos sentimos insatisfechos:

[6] Bienaventurados los que tienen hambre y sed de justicia,
porque ellos serán saciados. (Mateo 5:6)

[8] Y Dios proveerá con generosidad todo lo que necesiten.
Entonces siempre tendrán todo lo necesario y habrá

bastante de sobra para compartir con otros.
(2 Corintios 9:8)

¹⁴ *Cada quien conseguirá lo bueno conforme a lo que*
habla, y cada uno recibe de acuerdo a lo que hace.
(Proverbios 12:14 PDT)

⁹ *Pues él satisface al sediento y al hambriento lo llena de*
cosas buenas. (Salmo 107:9 NTV)

24- La Biblia nos promete quitar todo pensamiento que trae confusión:

⁵ *derribando argumentos y toda altivez que se levanta*
contra el conocimiento de Dios, y llevando cautivo todo
pensamiento a la obediencia a Cristo, (2 Corintios 10:5)

¹⁶ *Pues, donde hay envidias y ambiciones egoístas, también*
habrá desorden y toda clase de maldad. ¹⁷ *Sin embargo, la*
sabiduría que proviene del cielo es, ante todo, pura y
también ama la paz; siempre es amable y dispuesta a ceder
ante los demás. Está llena de compasión y del fruto de
buenas acciones. No muestra favoritismo y siempre es
sincera. ¹⁸ *Y los que procuran la paz sembrarán semillas de*
paz y recogerán una cosecha de justicia.
(Santiago 3:16-18 NTV)

³³ *pues Dios no es Dios de confusión, sino de paz. Como en*
todas las iglesias de los santos, (1 Corintios 14:33)

⁵ Si a alguno de ustedes le falta sabiduría, pídasela a Dios, y él se la dará. Dios es generoso y nos da todo con agrado. ⁶ Pero debe pedirle a Dios con fe, sin dudar nada. El que duda es como una ola del mar que el viento se lleva de un lado a otro. (Santiago 1:5-6 PDT)

⁷ El Señor DIOS me ayuda, y los insultos no me hieren. Por eso me mantendré firme, y sé que no seré avergonzado. (Isaías 50:7 PDT)

⁸ El SEÑOR dice: «Te guiaré por el mejor sendero para tu vida; te aconsejaré y velaré por ti. (Salmo 32:8 NTV)

²² Entrégale tus cargas al SEÑOR, y él cuidará de ti; no permitirá que los justos tropiecen y caigan. (Salmo 55:22 NTV)

²¹ Cuando te desvíes a la izquierda o a la derecha, oirás una voz detrás de ti diciéndote: «Por ahí es el camino, sigue por él». (Isaías 30:21 PDT)

² Cuando pases por aguas profundas, yo estaré contigo. Cuando pases por ríos de dificultad, no te ahogarás. Cuando pases por el fuego de la opresión, no te quemarás; (Isaías 43:2 NTV)

²⁹ El da esfuerzo al cansado, y multiplica las fuerzas al que no tiene ningunas. (Isaías 40:29)

25- La Biblia nos da la ayuda cuando nos sentimos condenados:

[1] Por lo tanto, ya no hay condenación para los que pertenecen a Cristo Jesús; [2] y porque ustedes pertenecen a él, el poder del Espíritu que da vida los ha libertado del poder del pecado, que lleva a la muerte. (Romanos 8:1 NTV)

[17] Si alguien está unido a Cristo, hay una nueva creación. Lo viejo ha desaparecido y todo queda renovado. (2 Corintios 5:17 PDT)

[17] Dios no envió a su Hijo al mundo para condenar al mundo, sino para salvarlo por medio de él. [18] » No hay condenación para todo el que cree en él, pero todo el que no cree en él ya ha sido condenado por no haber creído en el único Hijo de Dios. (Juan 3:17-18 NTV)

[24] De cierto, de cierto os digo: El que oye mi palabra, y cree al que me envió, tiene vida eterna; y no vendrá a condenación, más ha pasado de muerte a vida. (Juan 5:24)

[12] Perdonaré todas las maldades que han hecho en mi contra y no recordaré más sus pecados». [13] Si Dios habla de «un nuevo pacto» es porque considera que el primer pacto envejeció. Todo lo que envejece y se hace inútil está a punto de desaparecer. (Hebreos 8:12-13)

⁹ pero si confesamos nuestros pecados, Dios nos perdonará. Él es fiel y justo para limpiarnos de toda maldad.
(1 Juan 1:9 PDT)

²² entremos directamente a la presencia de Dios con corazón sincero y con plena confianza en él. Pues nuestra conciencia culpable ha sido rociada con la sangre de Cristo a fin de purificarnos, y nuestro cuerpo ha sido lavado con agua pura. *(Hebreos 10:22 NTV)*

26- La Biblia nos promete ayudarnos cuando nos sentimos tentados:

¹³ Las tentaciones que enfrentan en su vida no son distintas de las que otros atraviesan. Y Dios es fiel; no permitirá que la tentación sea mayor de lo que puedan soportar. Cuando sean tentados, él les mostrará una salida, para que puedan resistir. *(1 Corintios 10:13 NTV)*

¹⁵ Nuestro Sumo Sacerdote comprende nuestras debilidades, porque enfrentó todas y cada una de las pruebas que enfrentamos nosotros, sin embargo, él nunca pecó. ¹⁶ Así que acerquémonos con toda confianza al trono de la gracia de nuestro Dios. Allí recibiremos su misericordia y encontraremos la gracia que nos ayudará cuando más la necesitemos. *(Hebreos 4:15-16 NTV)*

¹⁸ Pues en cuanto él mismo padeció siendo tentado, es poderoso para socorrer a los que son tentados.
(Hebreos 2:18)

sabe el Señor librar de tentación a los piadosos, y reservar a los injustos para ser castigados en el día del juicio;
(2 Pedro 2:9)

[13] Cuando alguien tenga una tentación, no diga que es tentado por Dios, pues a Dios no lo tienta la maldad ni tampoco él tienta a nadie. [14] Uno es tentado cuando se deja llevar por un mal deseo que lo atrae y lo seduce. [15] Luego, el deseo malo da a luz el pecado, y el pecado, una vez que ha crecido, conduce a la muerte. (Santiago 1:13-15PDT)

[7] Así que, entréguense a Dios, resistan al diablo y el diablo huirá de ustedes. [8] Acérquense a Dios y él se acercará a ustedes. Quiten el pecado de su vida pecadores. Concentren su mente en Dios, ustedes que quieren seguir a Dios y al mundo. (Santiago 4:7-8 PDT)

[24] Y ahora, que toda la gloria sea para Dios, quien es poderoso para evitar que caigan, y para llevarlos sin mancha y con gran alegría a su gloriosa presencia. (Judas 24 PDT)

27- La Biblia nos promete ayuda cuando estamos enojados:

[19] Recuerden esto, estimados hermanos: estén más dispuestos a escuchar que a hablar. No se enojen fácilmente. [20] El que vive enojado no puede vivir como Dios manda.
(Santiago 1:19-20 PDT)

[26] Además, «no pequen al dejar que el enojo los controle». No permitan que el sol se ponga mientras siguen enojados, [27] porque el enojo da lugar al diablo. (Efesios 4:26-27 NTV)

²⁹ *La respuesta apacible desvía el enojo, pero las palabras ásperas encienden los ánimos. (Proverbios 14:29 NTV)*

¹⁹ *No os venguéis vosotros mismos, amados míos, sino dejad lugar a la ira de Dios; porque escrito está: Mía es la venganza, yo pagaré, dice el Señor. (Romanos 12:19)*

³⁰ *Pues conocemos al que dijo: Mía es la venganza, yo daré el pago, dice el Señor. Y otra vez: El Señor juzgará a su pueblo. (Hebreos 10:30)*

³¹ *Líbrense de toda amargura, furia, enojo, palabras ásperas, calumnias y toda clase de mala conducta.* ³² *Por el contrario, sean amables unos con otros, sean de buen corazón, y perdónense unos a otros, tal como Dios los ha perdonado a ustedes por medio de Cristo. (Efesios 4:31-31 NTV)*

⁸ *pero ahora es el momento de eliminar el enojo, la furia, el comportamiento malicioso, la calumnia y el lenguaje sucio. (Colosenses 3:8 NTV)*

⁸ *¡Ya no sigas enojado! ¡Deja a un lado tu ira! No pierdas los estribos, que eso únicamente causa daño. (Salmo 37:8 NTV)*

28- La Biblia nos promete ayuda cuando nos ataca la rebeldía:

¹⁷ *Con la autoridad del Señor digo lo siguiente: ya no vivan como los que no conocen a Dios,[d] porque ellos están irremediablemente confundidos.* ¹⁸ *Tienen la mente llena de oscuridad; vagan lejos de la vida que Dios ofrece, porque*

cerraron la mente y endurecieron el corazón hacia él.
(Efesios 4:17-18 NTV)

[12] *Así que no dejen que el pecado controle su cuerpo mortal ni obedezcan a sus deseos perversos.* [13] *No utilicen ninguna parte de su cuerpo como arma de injusticia del pecado. Mejor pónganse al servicio de Dios, como personas que han muerto y han resucitado; ofrezcan todo su cuerpo como arma de justicia a Dios. (Romanos 6:12-13 PDT)*

[7] *Someteos, pues, a Dios; resistid al diablo, y huirá de vosotros. (Santiago 4:7)*

[8] *Pues antes ustedes estaban llenos de oscuridad, pero ahora tienen la luz que proviene del Señor. Por lo tanto, ¡vivan como gente de luz! (Efesios 5:8 NTV)*

[17] *Lo que les voy a decir es una advertencia del Señor: dejen ya de vivir como los que no son creyentes, porque ellos se guían por pensamientos inútiles.* [18] *Su entendimiento está oscurecido porque están separados de la vida que viene de Dios y porque son ignorantes debido a lo terco que es su corazón. (Efesios 4:17-18 PDT)*

[12] *Así que no dejen que el pecado controle su cuerpo mortal ni obedezcan a sus deseos perversos.* [13] *No utilicen ninguna parte de su cuerpo como arma de injusticia del pecado. Mejor pónganse al servicio de Dios, como personas que han muerto y han resucitado; ofrezcan todo su cuerpo como arma de justicia a Dios. (Romanos 6:12-13 PDT)*

29- La Biblia nos promete ayuda cuando nos ataca el temor:

6 de manera que podemos decir confiadamente: El Señor es mi ayudador; no temeré lo que me pueda hacer el hombre. (Hebreos 13:6)

1 El SEÑOR es mi luz y mi salvación. ¿A quién podría yo temerle? El SEÑOR es la fortaleza de mi vida, así que no le temo a nadie. (Salmo 27:1 PDT)

27 »Les dejo un regalo: paz en la mente y en el corazón. Y la paz que yo doy es un regalo que el mundo no puede dar. Así que no se angustien ni tengan miedo. (Juan 14:27 NTV)

37 Antes, en todas estas cosas somos más que vencedores por medio de aquel que nos amó. 38 Por lo cual estoy seguro de que ni la muerte, ni la vida, ni ángeles, ni principados, ni potestades, ni lo presente, ni lo por venir, 39 ni lo alto, ni lo profundo, ni ninguna otra cosa creada nos podrá separar del amor de Dios, que es en Cristo Jesús Señor nuestro. (Romanos 8:37-39)

7 Pues Dios no nos ha dado un espíritu de temor y timidez sino de poder, amor y autodisciplina. (2 Timoteo 1:7 NTV)

15 Pues no habéis recibido el espíritu de esclavitud para estar otra vez en temor, sino que habéis recibido el espíritu de adopción, por el cual clamamos: !!Abba, Padre! (Romanos 8:15)

¹⁸ *En el amor no hay temor, sino que el perfecto amor echa fuera el temor; porque el temor lleva en sí castigo. De donde el que teme, no ha sido perfeccionado en el amor.*

(1 Juan 4:18)

30- La Biblia nos promete ayuda cuando necesitamos ser pacientes:

¹ *Con paciencia esperé que el SEÑOR me ayudara, y él se fijó en mí y oyó mi clamor. (Salmo 40:1 NTV)*

⁷ *Hermanos, tengan paciencia hasta que el Señor regrese. Recuerden que el campesino espera con paciencia a que pasen las épocas de lluvia para que la tierra produzca frutos.* ⁸ *Ustedes también deben esperar con paciencia. Manténganse firmes porque el Señor regresa pronto.*
(Santiago 5:7-8 PDT)

³ *sabiendo que la prueba de vuestra fe produce paciencia.* ⁴ *Mas tenga la paciencia su obra completa, para que seáis perfectos y cabales, sin que os falte cosa alguna.*
(Santiago 1:3-4)

³ *Pero hay más, podemos sentirnos felices aun cuando tenemos sufrimientos porque los sufrimientos nos enseñan a ser pacientes.* ⁴ *Si tenemos paciencia, nuestro carácter se fortalece y con un carácter así, nuestra esperanza aumenta.* ⁵ *Esa esperanza no nos va a fallar porque Dios nos dio el Espíritu Santo, quien ha derramado el amor de Dios en nosotros. (Romanos 5:3-5 PDT)*

⁴ *Tales cosas se escribieron hace tiempo en las Escrituras para que nos sirvan de enseñanza. Y las Escrituras nos dan esperanza y ánimo mientras esperamos con paciencia hasta que se cumplan las promesas de Dios.* ⁵ *Que Dios, quien da esa paciencia y ese ánimo, los ayude a vivir en plena armonía unos con otros, como corresponde a los seguidores de Cristo Jesús. (Romanos 15:4-5 NTV)*

¹¹ *Pero deseamos que cada uno de vosotros muestre la misma solicitud hasta el fin, para plena certeza de la esperanza,* ¹² *a fin de que no os hagáis perezosos, sino imitadores de aquellos que por la fe y la paciencia heredan las promesas. (Hebreos 6:12)*

³⁵ *No perdáis, pues, vuestra confianza, que tiene grande galardón;* ³⁶ *porque os es necesaria la paciencia, para que habiendo hecho la voluntad de Dios, obtengáis la promesa.* ³⁷ *Porque aún un poquito, Y el que ha de venir vendrá, y no tardará. (Hebreos 10:35-37)*

¹ *Por tanto, nosotros también, teniendo en derredor nuestro tan grande nube de testigos, despojémonos de todo peso y del pecado que nos asedia, y corramos con paciencia la carrera que tenemos por delante,* ² *puestos los ojos en Jesús, el autor y consumador de la fe, el cual por el gozo puesto delante de él sufrió la cruz, menospreciando el oprobio, y se sentó a la diestra del trono de Dios. (Hebreos 12:1-2)*

²⁴ Recibimos esa esperanza cuando fuimos salvos. (Si uno ya tiene algo, no necesita esperarlo; ²⁵ pero si deseamos algo que todavía no tenemos, debemos esperar con paciencia y confianza). (Romanos 8:24-25 NTV)

²² En cambio, la clase de fruto que el Espíritu Santo produce en nuestra vida es: amor, alegría, paz, paciencia, gentileza, bondad, fidelidad, ²³ humildad y control propio. ¡No existen leyes contra esas cosas!
(Gálatas 5:22-23 NTV)

31- La Biblia nos promete ayuda cuando necesitamos su paz:

³ Tú les das paz a los que se mantienen pensando en ti, porque en ti han puesto su confianza. ⁴ Confía siempre en el SEÑOR, porque el Señor DIOS es refugio eterno.
(Isaías 26:3-4 PDT)

²⁷ »Les dejo un regalo: paz en la mente y en el corazón. Y la paz que yo doy es un regalo que el mundo no puede dar. Así que no se angustien ni tengan miedo. (Juan 14:27 PDT)

⁶ Por nada estéis afanosos, sino sean conocidas vuestras peticiones delante de Dios en toda oración y ruego, con acción de gracias. ⁷ Y la paz de Dios, que sobrepasa todo entendimiento, guardará vuestros corazones y vuestros pensamientos en Cristo Jesús. (Filipenses 4:6-7)

¹ Así que Dios nos aprobó gracias a la fe, y ahora, por medio de nuestro Señor Jesucristo, hay paz entre Dios y nosotros.
(Romanos 5:1 PDT)

13 Le pido a Dios, fuente de esperanza, que los llene completamente de alegría y paz, porque confían en él. Entonces rebosarán de una esperanza segura mediante el poder del Espíritu Santo. (Romanos 15:13 NTV)

32- La Biblia nos promete ayuda cuando necesitamos confianza:

35 Por lo tanto, no desechen la firme confianza que tienen en el Señor. (Hebreos 10:35 NTV)

6 de manera que podemos decir confiadamente: El Señor es mi ayudador; no temeré lo que me pueda hacer el hombre. (Hebreos 13:6)

14 Y esta es la confianza que tenemos en él, que si pedimos alguna cosa conforme a su voluntad, él nos oye. 15 Y si sabemos que él nos oye en cualquiera cosa que pidamos, sabemos que tenemos las peticiones que le hayamos hecho. (1 Juan 5:14-15)

11 conforme al propósito eterno que hizo en Cristo Jesús nuestro Señor, 12 en quien tenemos seguridad y acceso con confianza por medio de la fe en él; (Efesios 3:12)

26 porque el SEÑOR te dará confianza y te librará de caer en alguna trampa. (Proverbios 3:26 PDT)

6 Y estoy seguro de que Dios, quien comenzó la buena obra en ustedes, la continuará hasta que quede completamente terminada el día que Cristo Jesús vuelva. (Filipenses 1:6 NTV)

¹³ *Todo lo puedo en Cristo que me fortalece.*
(Filipenses 4:13)

33- La Biblia nos promete ayuda cuando tenemos problemas:

⁸ *Por todos lados nos presionan las dificultades, pero no nos aplastan. Estamos perplejos pero no caemos en la desesperación.* ⁹ *Somos perseguidos pero nunca abandonados por Dios. Somos derribados, pero no destruidos.*
(2 Corintios 4:8-9 NTV)

⁷ *Dios mío, aunque esté angustiado por los problemas, tú me salvarás; me protegerás de la furia de mis enemigos.*
(Salmo 138:7 PDT)

²⁸ *Y sabemos que a los que aman a Dios, todas las cosas les ayudan a bien, esto es, a los que conforme a su propósito son llamados.* *(Romanos 8:28)*

² *Cuando pases por aguas profundas, yo estaré contigo. Cuando pases por ríos de dificultad, no te ahogarás. Cuando pases por el fuego de la opresión, no te quemarás; las llamas no te consumirán. (Isaías 43:2 NTV)*

⁷ *El SEÑOR es bueno, un refugio seguro cuando llegan dificultades. Él está cerca de los que confían en él.*
(Nahum 1:7 NTV)

¹⁶ *Así que acerquémonos con toda confianza al trono de la gracia de nuestro Dios. Allí recibiremos su misericordia y*

encontraremos la gracia que nos ayudará cuando más la necesitemos. *(Hebreos 4:16 PDT)*

⁷ *Pongan todas sus preocupaciones y ansiedades en las manos de Dios, porque él cuida de ustedes.*
(1 Pedro 5:7 NTV)

34- La Biblia nos promete ayuda cuando estemos enfermos:

² *Estimado hermano: le pido a Dios que te vaya bien en todo y que tengas buena salud física, así como la tienes espiritualmente. (3 Juan 2 PDT)*

³⁵ *Jesús recorrió todas las ciudades y aldeas de esa región, enseñando en las sinagogas y anunciando la Buena Noticia acerca del reino; y sanaba toda clase de enfermedades y dolencias. (Mateo 9:35 PDT)*

¹⁹ *Todos trataban de tocarlo, porque de él salía poder sanador, y los sanó a todos. (Lucas 6:19 NTV)*

²⁴ *quien llevó él mismo nuestros pecados en su cuerpo sobre el madero, para que nosotros, estando muertos a los pecados, vivamos a la justicia; y por cuya herida fuisteis sanados.*
(1 Pedro 2:24)

⁵ *Mas él herido fue por nuestras rebeliones, molido por nuestros pecados; el castigo de nuestra paz fue sobre él, y por su llaga fuimos nosotros curados. (Isaías 53:5)*

14 Sáname, oh Jehová, y seré sano; sálvame, y seré salvo; porque tú eres mi alabanza. (Jeremías 17:14)

14 ¿Alguno está enfermo? Que llame a los ancianos de la iglesia, para que vengan y oren por él y lo unjan con aceite en el nombre del Señor. 15 Una oración ofrecida con fe, sanará al enfermo, y el Señor hará que se recupere; y si ha cometido pecados, será perdonado. (Santiago 5:14-15 NTV)

8 Respondió el centurión y dijo: Señor, no soy digno de que entres bajo mi techo; solamente di la palabra, y mi criado sanará. (Mateo 8:8)

35- La Biblia nos promete ayuda para los problemas matrimoniales:

21 Sírvanse unos a otros por respeto a Cristo. 22 Esposas, estén dispuestas a servir a su esposo así como sirven al Señor. 23 El esposo es la cabeza de la esposa, así como Cristo es la cabeza de la iglesia. Cristo es el Salvador de la iglesia, la cual es su cuerpo. 24 Así como la iglesia sirve a Cristo, también la esposa debe servir en todo a su esposo. 25 Esposos, amen a su esposa así como Cristo amó a la iglesia y entregó su vida por ella. 26 Cristo murió para hacer que la iglesia fuera declarada santa, purificándola con el lavamiento del agua y un pronunciamiento suyo, 27 para presentársela a sí mismo como una novia, llena de esplendor y belleza. Cristo murió para que la iglesia fuera pura, sin mancha ni arruga, ni nada semejante. 28 El esposo debe amar a su esposa así como ama a su propio cuerpo; el que ama a su esposa, se ama a sí mismo 29 porque nadie odia a su

propio cuerpo. Todo lo contrario, lo alimenta y lo cuida, así como Cristo cuida a la iglesia ³⁰ porque formamos parte de su cuerpo. ³¹ «El hombre dejará a su papá y a su mamá para unirse a su esposa y los dos serán un solo ser». ³² Este es un misterio muy grande pero tiene que ver con Cristo y la iglesia. ³³ En todo caso, cada uno de ustedes ame a su mujer como a sí mismo, y la mujer respete a su marido.
(Efesios 5:21-33 PDT)

¹ Asimismo vosotras, mujeres, estad sujetas a vuestros maridos; para que también los que no creen a la palabra, sean ganados sin palabra por la conducta de sus esposas, ² considerando vuestra conducta casta y respetuosa. ³ Vuestro atavío no sea el externo de peinados ostentosos, de adornos de oro o de vestidos lujosos, ⁴ sino el interno, el del corazón, en el incorruptible ornato de un espíritu afable y apacible, que es de grande estima delante de Dios. ⁵ Porque así también se ataviaban en otro tiempo aquellas santas mujeres que esperaban en Dios, estando sujetas a sus maridos; ⁶ como Sara obedecía a Abraham, llamándole señor; de la cual vosotras habéis venido a ser hijas, si hacéis el bien, sin temer ninguna amenaza. ⁷ Vosotros, maridos, igualmente, vivid con ellas sabiamente, dando honor a la mujer como a vaso más frágil, y como a coherederas de la gracia de la vida, para que vuestras oraciones no tengan estorbo. (1 Pedro 3:1-7)

¹⁵ Y si mal os parece servir a Jehová, escogeos hoy a quién sirváis; si a los dioses a quienes sirvieron vuestros padres, cuando estuvieron al otro lado del río, o a los dioses de los amorreos en cuya tierra habitáis; pero yo y mi casa serviremos a Jehová. (Josué 24:15)

18 Esposas, estén dispuestas a servir a su esposo, que es lo que deben hacer como seguidoras del Señor. 19 Esposos, amen a su esposa y no la traten mal.
(Colosenses 3:18-19 PDT)

4 Honroso sea en todos el matrimonio, y el lecho sin mancilla; pero a los fornicarios y a los adúlteros los juzgará Dios. (Hebreos 13:4)

1 Ahora les hablaré sobre lo que me escribieron. Me preguntaron si sería mejor que el hombre y la mujer no tuvieran relaciones sexuales. 2 Para evitar el pecado sexual, es mejor que cada hombre tenga su propia esposa, y que cada mujer tenga su propio esposo. 3 El hombre debe satisfacer a su mujer en todo lo que ella necesita como esposa. De la misma manera, la mujer con su esposo. 4 La mujer no tiene autoridad sobre su propio cuerpo, sino su esposo. Asimismo, el esposo no tiene autoridad sobre su propio cuerpo, sino su esposa. 5 No se nieguen a entregarse el uno al otro, a menos que se pongan de acuerdo para no tener relaciones sexuales por un tiempo y dedicarse a la oración. Pero después únanse de nuevo para que Satanás no pueda tentarlos en caso de que ustedes no puedan contener el deseo sexual. 6 Esto que les digo es un consejo, no una orden.
(1 Corintios 7:2-6 PDT)

7 De la misma manera, ustedes maridos, tienen que honrar a sus esposas. Cada uno viva con su esposa y trátela con entendimiento. Ella podrá ser más débil, pero participa por igual del regalo de la nueva vida que Dios les ha dado. Trátenla como es debido, para que nada estorbe las oraciones de ustedes. (1 Pedro 3:7 NTV)

27 »Han oído el mandamiento que dice: "No cometas adulterio". 28 Pero yo digo que el que mira con pasión sexual a una mujer ya ha cometido adulterio con ella en el corazón.
(Mateo 5:27-28 NTV)

12 Y si alguno prevaleciere contra uno, dos le resistirán; y cordón de tres dobleces no se rompe pronto.
(Eclesiastés 4:12)

36- La Biblia nos promete ayuda para los problemas financieros:

5 No amen el dinero; estén contentos con lo que tienen, pues Dios ha dicho: «Nunca te fallaré. Jamás te abandonaré»
(Hebreos 13:5 NTV)

9 Honra al SEÑOR con tus riquezas y con los primeros frutos de tus cosechas, (Proverbios 3:9 PDT)

10 Traed todos los diezmos al alfolí y haya alimento en mi casa; y probadme ahora en esto, dice Jehová de los ejércitos, si no os abriré las ventanas de los cielos, y derramaré sobre vosotros bendición hasta que sobreabunde.
(Malaquías 3:10)

11 Las riquezas mal habidas se acaban rápido, pero el que ahorra las aumenta poco a poco. (Proverbios 13:11 PDT)

22 La bendición de Jehová es la que enriquece, Y no añade tristeza con ella. (Proverbios 10:22)

16 Más vale tener poco, con el temor del Señor, que tener grandes tesoros y vivir llenos de angustia. (Proverbios 15:16 NTV)

10 Los que aman el dinero nunca tendrán suficiente. ¡Qué absurdo es pensar que las riquezas traen verdadera felicidad! (Eclesiastés 5:10 NTV)

6 Ya que Jehová tu Dios te habrá bendecido, como te ha dicho, prestarás entonces a muchas naciones, más tú no tomarás prestado; tendrás dominio sobre muchas naciones, pero sobre ti no tendrán dominio. (Deuteronomio 15:6)

24 Ninguno puede servir a dos señores; porque o aborrecerá al uno y amará al otro, o estimará al uno y menospreciará al otro. No podéis servir a Dios y a las riquezas. (Mateo 6:24)

9 Porque los que quieren enriquecerse caen en tentación y lazo, y en muchas codicias necias y dañosas, que hunden a los hombres en destrucción y perdición; 10 porque raíz de todos los males es el amor al dinero, el cual codiciando algunos, se extraviaron de la fe, y fueron traspasados de muchos dolores. (1 Timoteo 6:9-10)

37- La Biblia nos promete ayudarnos a esperar en Dios:

5 Esperé yo a Jehová, esperó mi alma; En su palabra he esperado. (Salmo 130:5)

25 Bueno es Jehová a los que en él esperan, al alma que le busca. (Lamentaciones 3:25)

⁴ Muéstrame, oh Jehová, tus caminos; Enséñame tus sendas.
⁵ Encamíname en tu verdad, y enséñame, Porque tú eres el
Dios de mi salvación; En ti he esperado todo el día.
(Salmo 25:4-5)

⁷ Quédate quieto en la presencia del SEÑOR, y espera con
paciencia a que él actúe. No te inquietes por la gente mala
que prospera, ni te preocupes por sus perversas
maquinaciones. (Salmo 37:7 NTV)

¹⁴ Espera con paciencia al SEÑOR; sé valiente y esforzado;
sí, espera al SEÑOR con paciencia. (Salmo 27:14)

²⁰ Nuestra alma espera a Jehová; Nuestra ayuda y nuestro
escudo es él. (Salmo 33:20)

³¹ pero los que esperan a Jehová tendrán nuevas fuerzas;
levantarán alas como las águilas; correrán, y no se
cansarán; caminarán, y no se fatigarán.
(Isaías 40:31)

³ Aunque la visión tardará aún por un tiempo, más se
apresura hacia el fin, y no mentirá; aunque tardare,
espéralo, porque sin duda vendrá, no tardará.
(Habacuc 2:3)

⁹ Y se dirá en aquel día: He aquí, éste es nuestro Dios, le
hemos esperado, y nos salvará; éste es Jehová a quien hemos
esperado, nos gozaremos y nos alegraremos en su salvación.
(Isaías 25:9)

Hay palabras en la Biblia que necesitamos creer y entender en relación a diferentes temas o preguntas que todavía no han sido aclaradas. Las mismas se han convertido en temas de discusión dogmática, puntos de vistas personales y de falsas enseñanzas, dichas discusiones no son agradables a Dios. ¡Porque Escrito Está...!

> *14 Recuérdales estas cosas a todos y ordénales en presencia de Dios que dejen de pelearse por palabras. Esos altercados son inútiles y pueden destruir a los que los oyen.*
> *(2 Timoteo 2:14 NTV)*

Mi anhelo es que la Palabra nos lleve a la plena convicción que si Él lo inspiró debemos creerle, ya que solo es Él quien decide cuándo y cómo hacerlo realidad en todos nosotros. Estos son versículos que nos llevarán a la plena convicción de sus eternas promesas. ¡Porque Escrito Está...!

38- La Biblia me habla de la promesa de la eternidad:

> *11 Y este es el testimonio que Dios ha dado: él nos dio vida eterna, y esa vida está en su Hijo. 12 El que tiene al Hijo tiene la vida; el que no tiene al Hijo de Dios no tiene la vida. 13 Les he escrito estas cosas a ustedes, que creen en el nombre del Hijo de Dios, para que sepan que tienen vida eterna. (1 Juan 5:11-13 NTV)*

[24] »Les digo la verdad: si alguien oye mis palabras y cree en el que me envió, tiene vida eterna y no será juzgado, porque ya ha pasado de la muerte a la vida. (Juan 5:24 PDT)

[16] »Pues Dios amó tanto al mundo que dio a su único Hijo, para que todo el que crea en él no se pierda, sino que tenga vida eterna. [17] Dios no envió a su Hijo al mundo para condenar al mundo, sino para salvarlo por medio de él. (Juan 3:16-17 NTV)

[47] De cierto, de cierto os digo: El que cree en mí, tiene vida eterna. (Juan 6:47)

[51] Yo soy el pan vivo que descendió del cielo. Todo el que coma de este pan vivirá para siempre; y este pan, que ofreceré para que el mundo viva, es mi carne». (Juan 6:51 NTV)

[20] Y sabemos que el Hijo de Dios ha venido y nos ha dado entendimiento, para que podamos conocer al Dios verdadero. Y ahora vivimos en comunión con el Dios verdadero porque vivimos en comunión con su Hijo, Jesucristo. Él es el único Dios verdadero y él es la vida eterna. (1 Juan 5:20 NTV)

[54] Y cuando esto corruptible se haya vestido de incorrupción, y esto mortal se haya vestido de inmortalidad, entonces se cumplirá la palabra que está escrita: Sorbida es la muerte en victoria. [55] ¿Dónde está, oh muerte, tu aguijón? ¿Dónde, oh sepulcro, tu victoria? (1 Corintios 15:54-55)

²⁵ *Jesús le dijo: Yo soy la resurrección y la vida. El que cree en mí vivirá aun después de haber muerto.* ²⁶ *Todo el que vive en mí y cree en mí jamás morirá. ¿Lo crees, Marta?*
(Juan 11:25-26)

²⁶ *Jesús les contestó: Les digo la verdad, ustedes quieren estar conmigo porque les di de comer, no porque hayan entendido las señales milagrosas.* ²⁷ *No se preocupen tanto por las cosas que se echan a perder, tal como la comida. Pongan su energía en buscar la vida eterna que puede darles el Hijo del Hombre. Pues Dios Padre me ha dado su sello de aprobación.* (Juan 6:26-27 NTV)

²⁷ *Mis ovejas oyen mi voz, y yo las conozco y me siguen.* ²⁸ *Les doy vida eterna y no morirán jamás, nadie me las puede quitar.* ²⁹ *Mi Padre me las dio y él es más grande que cualquiera. Nadie se las puede quitar.* ³⁰ *El Padre y yo somos uno.* (Juan 10:27-30 PDT)

¹⁴ *mas el que bebiere del agua que yo le daré, no tendrá sed jamás; sino que el agua que yo le daré será en él una fuente de agua que salte para vida eterna.* (Juan 4:14)

²² *pero ahora quedaron libres del poder del pecado y se han hecho esclavos de Dios. Ahora hacen las cosas que llevan a la santidad y que dan como resultado la vida eterna.* ²³ *Pues la paga que deja el pecado es la muerte, pero el regalo que Dios da es la vida eterna por medio de Cristo Jesús nuestro Señor.* (Romanos 6:22-23 NTV)

³ Y la manera de tener vida eterna es conocerte a ti, el único Dios verdadero, y a Jesucristo, a quien tú enviaste a la tierra. (Juan 17:3 NTV)

³⁶ Los que creen en el Hijo de Dios tienen vida eterna. Los que no obedecen al Hijo nunca tendrán vida eterna, sino que permanecen bajo la ira del juicio de Dios. (Juan 3:36 NTV)

⁸ Los que viven solo para satisfacer los deseos de su propia naturaleza pecaminosa cosecharán, de esa naturaleza, destrucción y muerte; pero los que viven para agradar al Espíritu, del Espíritu, cosecharán vida eterna.
(Gálatas 6:8 NTV)

¹⁶ Por esta misma razón, Dios tuvo misericordia de mí para mostrar que Jesucristo tiene paciencia sin límite hasta con el peor de los pecadores. Él quería que yo fuera un ejemplo para que otros creyeran en Cristo para tener vida eterna.
(1 Timoteo 1:16 PDT)

²¹ Entonces, así como el pecado reinó sobre todos y los llevó a la muerte, ahora reina en cambio la gracia maravillosa de Dios, la cual nos pone en la relación correcta con él y nos da como resultado la vida eterna por medio de Jesucristo nuestro Señor. (Romanos 5:21 NTV)

²⁰ Pero ustedes, queridos amigos, deben edificarse unos a otros en su más santísima fe, orar en el poder del Espíritu Santo ²¹ y esperar la misericordia de nuestro Señor Jesucristo, quien les dará vida eterna. De esta manera, se mantendrán seguros en el amor de Dios.
(Judas 1:20-21 NTV)

Bueno, esto solo son algunas de las muchas promesas y consejos que nuestro amado Dios inspiró a que se escribieran y ellas nos pertenecen. Vamos juntos a reclamarlas para nosotros y para nuestra generación venidera. ¡Porque Escrito Está...!

Gracias a ti lector, te bendigo, te honro. Estaré orando para que recibas de parte de Dios todas las riquezas espirituales y lo añadido de Él para ti y los tuyos, recibe un fuerte abrazo de este tu servidor.

¡Bendecidos!

Pastor Babby Colón

Biografía

Robert Colón Maceira, mejor conocido por sus familiares, amigos y allegados como Babby.

Nació en la ciudad de Chicago, Illinois en el año 1970. Sus padres son Josefina Maceira y Celso (José) Colón, ellos se mudaron a Caguas, Puerto Rico junto a sus hermanos Orlando, Eduardo y Lourdes cuando Babby tenía meses de nacido.

Comenzó a trabajar a los 12 años limpiando zapatos y repartiendo papeles en la plaza de Caguas. Alcanzó su diploma de escuela superior y se mantuvo activo en diferentes deportes. A los 18 años conoció a Wanda Sánchez, la cual tenía un hermoso hijo llamado Reynaldo. En su convivencia procrearon a tres hermosas niñas llamadas, Keishla, Nynoshka y Roxanne.

Luego de diez años de convivir llegó el Señor Jesús a sus vidas. Un amigo de Babby y socio de un restaurante, el Sr. Edwin Serrano (hoy pastor de la Iglesia Fruto de la Vid, Kissimmee, FL) le invitó a una reunión de exmúsicos de música secular en Río Piedras, Puerto Rico; esto fue en la residencia del hoy pastor José (Santazo) Peguero. Allí recibió a Jesús como su Salvador y comenzó el proceso de cambios en él y en su familia. Luego, en el mismo restaurante, su pareja Wanda y su hijo Reynaldo, quien tenía 14 años, recibieron a Jesús como Salvador.

Edwin Serrano y su familia les invitaron al Centro Cristiano Fruto de la Vid en Caguas donde pastorean los apóstoles Juan Luis y Angélica Calveti y allí todo comenzó. Toda su familia llegó a Cristo, comenzaron a hacer discipulados, se casó con Wanda en el año 1999, el mismo día de su bautismo, junto a su hijo Reynaldo en el río playita en San Lorenzo, Puerto Rico.

Sirvieron allí con pasión y a los 3 años de estar congregándose fueron llamados a ser los pastores de jóvenes, labor que realizaron durante 4 años. Luego de estar por 8 años sirviendo junto a los apóstoles Calveti, Dios los escogió para ser los pastores principales de lo que hoy es la Iglesia Fruto de la Vid, Houston, TX. Llevan más 13 años pastoreando como familia, con la misma pasión como al principio. Esta es una de las iglesias hijas de la Red Fruit Of The Vine International, Inc.

El Pastor Babby, recibió en un retiro de 40 días en ayuno y oración, antes de salir de Puerto Rico hacia Houston las letras de canciones como **Tu Mirada,** cantada por su hija mayor Keishla y grabada en el año 2018 en Houston. Esta canción está disponible en todas las plataformas digitales y la puedes descargar a tu lista de canciones. Además, recibió la revelación de escribir libros y hoy tienes en tus manos las primicias de esa revelación, ¡Porque Escrito Está...!

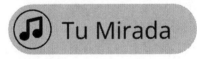

Puedes descargarla GRATIS

Made in the USA
Columbia, SC
19 October 2020

23074623R00174